골프는 기본이 전부

GOLF WA KIHON GA SUBETE!   TERAYU NO GOLF SWING TAIZEN

© Tera-You 2023

First published in Japan in 2023 by KADOKAWA CORPORATION, Tokyo.

Korean translation rights arranged with KADOKAWA CORPORATION, Tokyo.

완벽한
스윙을 위한
실전 레슨

Golf

― 골프는 기본이 전부 ―

테라유 지음 · 류지현 옮김

하빌리스

일러두기

이 책은 국립국어원 표준어 규정을 따르되 일부 골프 용어의 경우, 현장감을 살리기 위해 실제로 자주 쓰이는 말을 따랐습니다.

시작하며

기본을
탄탄히
하기 위한
꾸준한
연습만이
살길이다

'기본=간단'은
잘못된 생각

최근까지 다양한 골프 이론이 등장했지만, 항상 '단순한 기본'이 중요하다고 말합니다. 프로 골퍼의 연습을 보면 대부분의 선수가 특별한 것이 아니라 기본에 충실한 확인 작업을 하는 데 긴 시간을 들입니다. 단순하지만 기본을 탄탄히 함으로써 최고 수준까지 도달할 수 있습니다. 흔히 아마추어 골퍼는 '기본=간단'이라고 잘못 생각하기도 합니다. '기본은 이미 갖춰져 있어'라고 생각하며 바로 다른 움직임을 하려고 하지만, 실제로는 완전히 체득하지 못한 경우가 대부분입니다.

안타깝게도 골프에 마법은 없습니다. '○○하면 휘지 않는다', '○○하면 비거리가 바로 30야드 늘어난다'와 같은 말을 그대로 믿으면 안 됩니다. '금방 늘면 좋겠다'라는 유혹에 넘어가지 마세요.

예를 들어 슬라이스를 낸 사람에게 "손을 힘껏 돌리면 똑바로 간다"라고 조언했을 때, 일정한 효과가 있을 수는 있습니다. 하지만 이는 임시방편에 불과합니다. 연습장에서는 잘된다 해도 필드에 나가면 결과가 완전히 다르게 나오거나, 일시적으로는 괜찮아도 장기적으로는 좋은 결과가 지속되기 어렵습니다. 그리고 이러한 극단적인 움직임을 계속하면 그대로 굳어져서 오히려 부작용처럼 점점 증세가 악화되는 결과로 이어집니다. 어느 레벨의 사람이든 간에 실력을 근본적으로 올리고 싶다면 기본을 다지기 위한 꾸준한 연습만이 답이며 이것이 가장 빠른 지름길입니다.

골프 스윙의
기본은 무엇인가

골프 스윙의 기본은 '시계추'처럼 클럽을 움직이며 몸의 '회전'으로 진자운동을 크게 하여 '다리를 움직임'으로써 부드럽고 빠르게 휘두를 수 있는 구조를 만드는 것입니다. '진자운동', '회전', '다리의 움직임' 등 세 부분으로 나눌 수 있는데, 저는 이를 '세 가지 토대'라고 부릅니다. 스윙은 이 세 동작을 연동시킨 움직임으로, 어느 하나라도 부족하면 효율적인 스윙이 되지 않습니다. 대부분의 아마추어 골퍼가 이 중 어느 하나가 안 되거나 충분하지 않습니다. 따라서 이 '세 가지 토대'의 각각의 움직임을 이해하고 자신에게 부족한 부분을 집중적으로 연습해 마스터함으로써 올바른 스윙을 체득할 수 있습니다. 올바른 스윙을 하게 되면 '저절로 잘 맞았다!', '힘을 별로 안 줬는데 멀리 갔다!'와 같은 놀라운 경험을 할 수 있습니다. 반대로 이러한 감각을 체감해본 적 없는 사람은 기본적인 골프 스윙과는 다른 타법을 하는 경우입니다. 실제로 기본기를 체득하는 것만으로도 '골프관'이 바뀔 정도로 공을 끝까지 시원하게 치면서도 편하게 멀리 보내는 스윙을 익힐 수 있습니다.

골프를 마법처럼 잘하게 되는 방법은 없습니다!

초보자부터 상급자까지 '레벨 업' 할 수 있다

지금은 인터넷으로 다양한 정보를 쉽게 손에 넣을 수 있는 시대입니다. 그만큼 골프 스윙에 관한 레슨도 넘쳐나고 있어 어느 것이 기본인지 알기 어려워졌죠. 그래서 '올바른 기본기'를 전하고자 유튜브를 시작했습니다. 2020년 4월에 채널을 시작한 이래, 약 일 년 만에 구독자 수가 30만 명을 넘었고, 2025년 3월 현재 86만 명을 돌파했습니다. 감사하게도 초보자분들이 댓글로 "100타를 깼다", 상급자분들은 "80타를 깼다", "파 플레이를 달성했다" 등의 댓글을 굉장히 많이 남겨주고 계십니다. 2022년 3월에는 일본 도쿄 신바시에 '테라유 골프 스튜디오(TERA-YOU-GOLF-STUDIO)' 1호점

을 오픈하게 되었습니다. 여기서도 '세 가지 토대'를 기본으로 한 레슨을 하고 있으며, 직접 스윙을 체크한 다음 그 사람의 약점에 대한 핀포인트 어드바이스도 하고 있습니다. 이처럼 많은 사람에게 지지를 받는 것은 그만큼 각자 그 효과를 실감했기 때문입니다. 역시 기본을 중시하는 것이 상급으로 가는 가장 빠른 지름길이라는 것을 다시금 확인했습니다.

이 책은 '세 가지 토대'를 중심으로 설명합니다. 초보자는 물론 중급자와 상급자도 다시 한번 '단순한 기본'을 검토하는 계기가 되면 좋겠습니다.

초보자부터 상급자까지
각양각색의 수많은 골퍼에게
깨달음과 감동을
전하고 싶다!

초급자부터 상급자까지 다양한 골퍼를 폭넓게 지도해오면서 어떤 레벨이든 '진자운동', '회전', '다리의 움직임'으로 구성된 '세 가지 토대'를 정확하게 체득하는 것이 제일 좋은 방법이라는 것을 실감하고 있습니다. 기본적인 것이라 생각할지도 모르겠지만, 대부분의 사람이 이 중 어느 하나가 불충분하거나 움직임이 잘못되어 있는 것이 현실입니다. 각각의 움직임과 연습 방법에 대해 이 책에서 상세히 설명할 예정입니다. 레벨 업을 목표로 자신에게 부족한 부분을 개선하고 '세 가지 토대'를 올바르고 균형 있게 체득해봅시다.

토대

기본 원칙

'세 가지 토대'를 이해하면 레벨 업이 눈에 띄게 빨라진다

골프 스윙을 구성하는 세 가지 토대

1 기본원칙
진자운동

골프에서 가장 중요한 것이 '재현성'이다. 항상 클럽 페이스의 중심으로 볼을 낚아채서 똑바로 보내려면 클럽이 시계추처럼 움직여야 한다.

2 기본원칙
회전

몸을 회전시킴으로써 더 큰 진자운동을 만들어 볼을 멀리 보낼 수 있다. 회전이 부족한 채로 볼을 보내면 손의 힘에만 의존하는 스윙이 되어버린다.

3 기본원칙
다리의 움직임

걷듯이 하반신을 움직이면 자연스럽게 연속되는 움직임이 만들어져 부드러운 스윙이 가능해진다. 또한 스윙에 스피드 및 파워를 더하는 것 역시 하반신의 역할이다.

헤드의 무게에
맡기는 것이 중요

클럽을 시계추처럼 움직이려면 헤드 무게를 이용하여
쳐야 한다. 힘으로 스윙을 하면 진자운동이 되지 않는다.

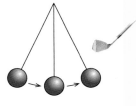

**진자운동은
동일한 궤도를
따라 동일한
곳으로 내려오는 것**

진자운동은 중력에 의해 낙하한 추가 동일한 궤도
를 따라 동일한 장소로 내려오는 것이다. 이를 스
윙에 적용하면 재현성을 높일 수 있다.

1

기본원칙

골프 스윙의 토대

골프 스윙은
'진자운동'이 주체다

목을 중심으로
한 개의 시계추

팔에서 클럽까지를 하나의 시계추라고 생각하고
목을 기준으로 클럽을 움직인다. 이것이 바로 스윙의 기본이 되는
시계추 운동이다.

시계추의 자연스러운 궤도로
방향성도 좋아짐

클럽에 시계추 움직임을 적용하는 것이 필수적이다

골프에서 가장 중요한 것이 '재현성'입니다. 클럽헤드가 매회 동일한 곳을 통과하여 동일한 곳에 맞을 수 있다면 안정된 스코어를 낼 수 있습니다. 그러려면 클럽이 시계추처럼 움직여야 합니다. 클럽헤드가 중력에 의해 낙하하는 힘으로 스윙해야 한다는 뜻입니다. 클럽을 힘으로만 휘두르면 진자운동과는 멀어지고 재현성도 잃게 됩니다.

스윙의 기본은 팔에서 클럽까지 하나의 막대라 생각하고 목을 중심으로 움직이는 진자운동을 하는 것입니다. 볼을 멀리 보내고 싶을 때는 여기에 손목을 중심으로 한 진자운동을 더하여 두 개의 시계추로 볼을 타격합니다. 우선 시계추 이미지를 떠올리는 것부터 시작해봅시다.

두 개의 추를 사용하면 거리감과 재현성 모두 양립 가능

한 개의 시계추에 손목을 중심으로 한 시계추를 더함으로써 클럽의 운동량을 더 키우고 볼을 멀리 보낼 수 있다.

> 손목을 중심으로 두 개의 시계추

> 스윙은 한 개의 추에 손목의 추를 더한 두 개의 시계추로 할 것

클럽을 시계추처럼 움직이면 몸을 중심으로 원을 그리는 듯한 궤도가 되므로 스스로 궤도를 컨트롤하지 않아도 방향성이 자연스레 좋아진다.

아웃사이드 인
인사이드 인
인사이드아웃

2

골프 스윙의 토대

몸의 '회전'을 더하면 진자운동이 커진다

NG

진자운동을 팔로만 크게 하면 팔이 구부러져서 진자운동이 되지 않는다

몸을 회전시키지 않고 팔로만 클럽을 크게 휘두르면 팔이 구부러져서 진자운동이 되지 않기 때문에 불안정한 스윙이 된다.

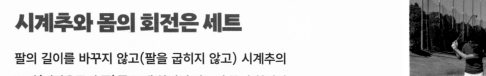

시계추와 몸의 회전은 세트

팔의 길이를 바꾸지 않고(팔을 굽히지 않고) 시계추의 크기(진자운동의 폭)를 크게 하려면 반드시 몸의 회전이 필요하다.

올바른 회전은 척추를 중심으로 한 몸의 '전환'이다

척추를 중심으로 몸을 좌우로 회전하여
진자운동의 크기를 최대화할 수 있다.
또한 진자운동의 중심인 목의 위치도 유지할 수 있다.

NG
축이 없으면 중심이 흔들려 진자운동이 되지 않는다

축을 의식하지 않고 몸을 전환하고자 하면 중심인 목의 위치가 흔들려 진자운동의 가장 낮은 위치가 정해지지 않게 되고 재현성 없는 스윙으로 이어진다.

척추의 축

시계추의 움직임을 유지하며 스윙을 크게 하기

스윙 중 팔이 구부러지면 시계추 움직임이 되지 않습니다. 따라서 진자운동의 폭을 크게 할 때도 가능한 한 양팔을 곧게 뻗은 상태를 오래 유지하는 것이 중요합니다. 양팔을 뻗은 채로 진자운동의 폭을 크게 하려면 몸을 회전하지 않고서는 안된다는 것을 알 수 있을 겁니다. 회전하지 않고 진자운동을 크게 하려고 하면 팔이 구부러지게 되죠.
또한 척추를 축으로 회전하면 진자운동의 중심인 목의 위치를 유지할 수 있습니다. 척추는 몸의 후면에 있으므로 척추를 축으로 회전하면 몸을 교차할 수 있는 형태가 됩니다. 이는 몸을 좌우로 크게 움직이는 것과 같은 감각입니다. 그렇게 하면 시계추의 반경(스윙 아크)이 보다 커져서 효율적인 스윙이 가능해집니다.

3

골프 스윙의 토대

'다리의 움직임'으로
자연스러운 연동이 생긴다

걷는 듯한 하반신의 움직임으로
팔을 휘두를 수 있다

다리를 내디디면 자연스럽게 팔이 흔들린다.
여기에 몸의 회전을 더하면 좌우로 팔이 움직이고
자연스러운 연동 속에서 스윙할 수 있다.

다리는 멈추지 말고
적극적으로 움직이자

스윙은 '하반신→상반신→팔→클럽' 순으로 움직이는 것이 올바른 순서입니다. 하반신의 움직임에 따라 팔이 회전하는 것이죠. 이렇게 해야 걸을 때처럼 자연스러운 움직임이 되어 몸에 무리가 가지 않는 부드러운 스윙이 됩니다. 또한 다리를 내디디면 허리가 회전합니다. 허리가 회전하면 상반신도 크게 돌릴 수 있기 때문에 충분한 회전량을 얻을 수 있습니다. 일반적인 아마추어의 유연성으로는 발을 붙인 상태에서 몸을 돌리는 동작이 어렵습니다.

많은 아마추어가 다리를 움직이지 않습니다. 맞추고 싶은 의욕이 강해 멈춰 있는 것이죠. 제가 지도하면 '이렇게 무릎을 구부려도 되는 건가?' 하고 놀라시는 분들도 있는데, 다리는 많이 움직이는 편이 좋습니다.

다리를 움직임으로써
몸도 크게 돌릴 수 있다

다리를 움직임으로써 허리 돌리기가 쉬워지고 상반신도 크게 회전할 수 있다. 다리를 많이 사용하면 큰 회전을 얻을 수 있으므로 효율적인 스윙을 할 수 있다.

NG 다리의 움직임이 없으면
몸을 돌리기가 어렵다

다리를 멈추고 있으면 회전이 부족하여 팔 힘에 의지한 스윙이 되기 쉽다. 그렇게 되면 진자운동의 움직임이 되지 않아 비거리도 재현성도 저해된다.

각각이 연결되어 효율적인 스윙이 된다

'시계추'로 재현성을 실현한다

클럽헤드의 무게로 휘두르는 시계추의 움직임으로 스윙을 하면 같은 궤도로 같은 곳에 떨어지기 때문에 재현성이 높아진다.

근력에 의지하지 않아도 멀리 보내는 스윙

'세 가지 토대'는 연동된 움직임이므로 어느 하나라도 부족하면 안 됩니다. 시계추를 주체로 하여 몸의 회전에 따라 진자운동의 폭을 크게 함으로써 부드러운 스윙을 할 수 있습니다. 여기서 주의할 점은 손과 팔의 힘을 크게 사용하지 않는 것입니다. 들어 올리고 내릴 때는 시계추의 움직임으로 클럽을 움직이고, 크고 빠르게 치고 싶을 때는 회전하거나 하반신의 힘을 더하면 됩니다.

저는 팔굽혀펴기를 겨우 10회만 할 정도로 팔 힘이 없는데, 드라이버 샷은 300야드 가까이 보낼 수 있습니다. 이처럼 '세 가지 토대'가 올바르게 움직이고 각 동작이 연동된다면 힘이 약해도 충분히 볼을 보낼 수 있습니다.

'회전'으로 볼을 멀리 보낼 수 있다

몸을 회전시키면 진자운동이 커진다. 여기에 손목의
진자운동도 더해져 클럽의 운동량이 더욱 늘어난다.

'다리의 움직임'이 회전과 진자운동에
힘과 연동성을 부여한다

다리를 움직임으로써 몸을 크게 돌릴 수 있다. 또한 걸을 때처럼 몸
에 무리가 없는 부드러운 스윙을 할 수 있다.

가장 빨리 레벨 업 하고 싶다면

자신에게 부족한 부분을
중점적으로 연습하자

이런 자세로 스윙하지는 않나요?

우측 다리에 체중을 싣는

➡ 다리를 쓸 수 없음

손으로만 클럽을 휘두른다

➡ 회전을 할 수 없음

손에 힘을 주고 있다

➡ 진자운동이 안 됨

아마추어에게서 많이 보이는 잘못된 스윙은 '세 가지 토대' 중 어느 하나가 부족해서 생긴다.

이 약점을 극복하는 것이 빠른 레벨 업으로 가는 지름길이다.

**새로운 감각을 아는 것이
레벨업의 지름길**

대부분의 아마추어 골퍼에게서 '세 가지 토대' 중 어느 하나가 제대로 되어 있지 않습니다. '맞추고 싶다'라는 의욕이 앞선 나머지 회전과 다리의 움직임이 멈추거나, 멀리 보내고 싶다는 생각에 팔에 힘이 들어간 진자운동이 되기 때문입니다.

올바른 스윙을 할 수 있다면 스스로 클럽에 힘을 싣거나 조작하려 하지 않아도 멀리 곧게 보낼 수 있습니다.

자신에게 부족한 부분을 연습하여 올바른 움직임을 할 수 있게 되면 점점 '저절로 잘 맞았다', '힘을 주지 않아도 멀리 간다'와 같은 새로운 감각을 얻을 수 있습니다. 이 감각이야말로 레벨 업 하는 데 가장 중요한 것이며, 이를 위해서는 '세 가지 토대'를 확실히 체득해야 합니다.

결론
'세 가지 토대'로 골프가 바뀐다

손과 팔의 힘으로 클럽을 컨트롤하지 않았는데

저절로 잘 맞고 평상시보다 더 멀리 갔다

이러한 감각으로 칠 수 있기에 골프가 쉬워진다!

차례

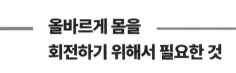

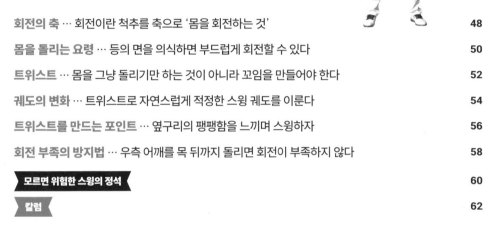

제 4 장 ── 포지션마다 ── 움직임과 자세를 기억하자

제5장 클럽별 타법의 차이를 알자

제 6 장 ── 반드시 해야 하는 ──
목적별 반복 연습

제1장

시계추의 움직임을 스윙에 반영하자

높은 타율로 볼을 스위트스폿(sweet spot)으로 낚아채서 곧게 보낼 수 있게 된 다음에는 그 스피드를 올리는 것이 레벨 업의 올바른 스텝이다. 매번 같은 곳에 클럽을 떨어뜨리기 위해서는 '시계추'의 움직임이 필요하다. 우선 스윙에서 가장 중요한 재현성을 체득하자.

THE COMPLETE GOLF SWING GUIDE

시계추의 이미지를 떠올리면 재현성 높은 스윙이 된다

POINT
우선 하나의 시계추를 떠올려보자

골프 스윙 시 진자운동에 맞춰 몸을 회전합니다.

클럽 끝의 헤드가 무겁기 때문에 지점을 만들어서 흔들흔들하면 시계추처럼 동일한 궤도를 그리며 동일한 곳으로 떨어진다. 이것을 스윙에 활용하면 스코어 향상에 가장 중요한 재현성을 높일 수 있다.

26

시계추를 상상하는 것부터
시작하자

클럽헤드의 스위트스폿으로 볼을 낚아 같은 방향으로 동일한 거리를 보내는 것이 항상 가능하다면 스코어는 당연히 좋아집니다.

그래서 필요한 것이 시계추 움직임입니다. 우선 하나의 시계추를 상상하며 스윙해주세요. 팔에서 클럽까지 하나의 막대라고 보고 목을 중심으로 움직입니다. 이것이 스윙의 기본이며 골프에서 가장 중요한 재현성을 높이는 요령입니다.

다음으로, 손목만 힘을 빼고 자유롭게 움직여봅니다. 조금 전과 같이 흔들어보면 손목이 꺾여 클럽헤드의 운동량이 커집니다. 이것이 '이중 시계추' 상태입니다. 재현성에 더해 클럽헤드를 가속할 수 있다면 효율적인 스윙이 됩니다.

POINT
시계추를 두 개로 하면 클럽헤드를 크고 빠르게 움직일 수 있다

하나의 시계추로는 풀 스윙이 되지 않는다. 손목을 중심으로 한 시계추를 더하면 클럽헤드의 운동량이 늘어나 볼을 효율적으로 날릴 수 있다. 따라서 두 개의 시계추를 올바르게 사용하는 것이 레벨 업의 열쇠가 된다.

목덜미의 위치를 유지하면 안정된 스윙을 할 수 있다

POINT
팔의 시계추는 목덜미가 받침점이 된다

목덜미를 받침점으로 두고 팔을 굽히지 않고 휘두르면 재현성을 높일 수 있다.

시계추의 받침점으로 목덜미를 떠올리자. 머리나 얼굴을 받침점으로 생각하면 몸이 굳어지기 쉽다. 그 결과, 몸과 팔이 같이 움직이지 않고 팔꿈치가 굽어서 진자운동이 안 되는 경우가 많다.

NG
받침점의 위치가 움직이면 맨 아래 지점도 흔들린다

받침점의 위치가 흔들리면 맨 아래 지점도 정해지지 않기 때문에 뒤땅이나 탑핑(topping) 등 다양한 미스의 원인이 된다. 몸을 회전하면서도 목덜미의 위치를 바꾸지 않는 것이 포인트다.

세 가지 조건을 지키면
올바른 시계추의 움직임이 된다

시계추의 움직임을 스윙에 반영하기 위해서는 ①목덜미의 받침점 위치를 유지하고, ②팔을 느슨히 두지 말고 팔꿈치가 굽지 않게 하고, ③어깨와 팔의 힘을 빼고 클럽헤드의 무게로 팔이 휘둘러지도록 해야 합니다. 이 세 가지 조건을 지키고 클럽을 흔들흔들해보면 틀림없이 몸의 회전이 수반됨을 알 수 있을 것입니다. 팔로만 휘두르려고 하면 불필요한 힘이 가해지거나 팔꿈치가 굽어버립니다.

평소 팔의 힘으로 클럽을 조작하거나 좌우로 몸을 이동하며 치는 사람에게는 정반대의 움직임일 것입니다. 힘을 뺀 데다 스윙의 중심에 흔들림이 없어서 '부족하다'고 느낄 수 있겠지만 그 감각이 정확합니다. 이것이 재현성과 효율이 좋은 스윙의 첫걸음입니다.

POINT
팔은 '휘두르는 것'이 아니라 '휘둘러지는 것'이라는 감각이 중요

클럽을 들지 않고 어깨와 팔의 힘을 뺀 다음, 손의 움직임으로 팔이 휘둘러지는 감각을 느껴보자. 팔이 동일한 곳으로 올라가서 동일한 곳으로 떨어지기에 스윙 궤도가 안정된다.

NG
클럽 궤도를 팔로
조작하려고 해서는 안 된다

스윙 중 팔은 항상 같은 곳을 통과해야 한다. 팔의 힘으로 궤도를 컨트롤하고자 하면 시계추의 움직임이 되지 않고, 그 한 타로 좋은 공을 칠 수는 있겠지만 다음에 연결하는 것이 어려워진다.

보내려는 거리에 따라 두 가지 타법이 있다

POINT
어프로치는 하나의 시계추로 친다

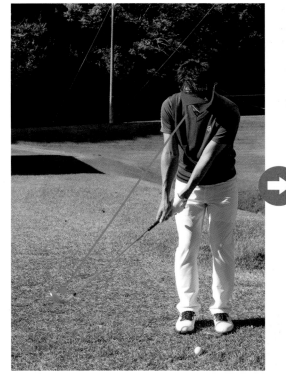

> 맞추기 어려운 것이 아니라 '저절로 맞는' 감각이 중요합니다.

어프로치는 준비 자세에서의 손목과 팔의 모양을 유지한 채 팔에서 클럽까지를 하나의 막대로 보고 하나의 시계추로 친다. 손과 팔의 힘이 아닌 클럽헤드의 무게로 휘둘러지는 감각을 갖는 것이 중요하다.

짧은 거리는 한 개의 시계추
멀리 보낸다면 두 개의 시계추

어프로치 등 멀리 보낼 필요가 없는 경우에는 한 개의 시계추만으로 칩니다. 우선 작은 폭의 진자운동으로 흔들흔들 연속으로 움직여보세요. 시계추이니 흔드는 폭이 좌우대칭을 이루며 리듬도 일정합니다. 이대로 볼을 치면 매회 동일하게 맞을 것입니다. 이걸로 볼이 잘 맞지 않는다는 사람은 시계추의 움직임이 안 되어 있는 것입니다. 손과 팔의 힘으로 클럽을 흔드는 것이 아니라 클럽의 무게에 의해 휘둘러지는 감각을 익히세요.

왼팔이 지면과 평행하게 되는 위치(진자운동의 폭)까지는 한 개의 시계추만 사용하는데, 그것보다 커지는 경우에는 손목 지점의 시계추를 더합니다. 클럽의 운동량이 한 번에 늘기 때문에 효율적으로 볼을 멀리 보낼 수 있습니다.

POINT
팔과 지면이 평행인 위치에서
손목을 사용한다

왼팔이 지면과 평행이 되는 진자운동의 폭까지는 한 개의 시계추만, 그것보다 커질 때는 손목의 시계추를 더한다. 손목의 움직임으로 클럽의 운동량이 커져 효율적으로 볼을 멀리 보낼 수 있다.

손목 받침대의 시계추를 통해 클럽헤드를 가속하기

POINT

손목을 받침대 삼아 클럽이 움직임으로써 헤드가 앞으로 나간다

손목의 움직임으로 오른손과 왼손이 바뀌도록 움직입니다.

시계추가 한 개일 경우, 팔의 운동량과 클럽헤드의 운동량은 동일하다. 하지만 손목을 사용함으로써 팔의 운동량에 비해 클럽헤드의 운동량이 커지므로 클럽헤드가 손을 확실히 추월한다.

손목을 사용하면
안 맞는 일은 없다

클럽헤드가 빠르게 움직이지 않으면 아무리 힘을 준다 해도 볼은 멀리 가지 않습니다. 그럴 때는 시계추의 크기, 즉 클럽의 운동량을 크게 하여 헤드 스피드를 최대화할 수 있습니다. 그러려면 손목을 많이 움직이고 사용해야 합니다.

'손목을 사용하면 재현성이 없어진다'라고 생각하는 사람이 많은 듯하지만 이는 편견입니다. 쇠망치를 사용할 때 무의식적으로 손목을 움직이지만 그래도 작은 못을 똑바로 두드릴 수 있습니다. 어프로치와 퍼터 샷 때 손목을 사용하지 않는 것은 너무 멀리 나가기 때문이지 안 맞아서가 아닙니다. 오히려 손목을 사용하지 않는 것은 인간의 신체 구조상 부자연스러운 움직임이기 때문에 재현성을 저해합니다.

NG
손목의 시계추가 없으면
세게 칠 수 없다

**강하게 치려고 해도
헤드가 나가지 않는다**

손목이 굳은 채로는 못을 세게 두드릴 수 없다. 이처럼 스윙에서도 손목의 움직임이 없으면 클럽헤드의 운동량이 커지지 않기 때문에 헤드 스피드를 끝까지 올릴 수 없다.

OK
쇠망치로 두드린다는
느낌으로 손목을 사용하자

**헤드가 손을 앞질러
'휙' 하고 가속한다**

쇠망치로 못을 두드릴 때는 무의식적으로 손목을 사용해서 효율적으로 힘을 못에 전달한다. 이를 스윙으로 바꿔 말하면 임팩트 부근에서 손이 감속하고 클럽헤드가 손을 앞지르는 움직임이 된다.

클럽을 돌리는 힘으로
부드럽게 손목을 사용하기

NG

**손목이 굳어 있으면 두 개의
시계추가 되지 않는다**

손과 팔에 힘이 들어가면 손목이 쉽게 굳어져 클럽헤드가 나가지 않게 된다. 손목이 부드
럽게 움직이도록 하려면 자신의 힘으로 손목을 꺾으려 하지 말고 힘을 빼야 한다.

손목이 굳어 있으면
헤드가 나가지 않아
비거리가 줄어듭니다.

손목이 자유롭게 움직일 정도의
힘으로 클럽 쥐기

'손목을 사용한다'고 해서 자신의 힘으로 손목을 꺾는 것
은 잘못된 것입니다. 그렇게 하면 손과 팔에 힘이 들어가
오히려 손목이 움직이는 게 어려운 경우가 있기 때문입니다. 그립을 너무 세게 쥐지 말고 손목이 자유롭게 움직
이는 상태에서 클럽의 움직임과 헤드의 무게로 손목이 굽는 게 올바릅니다. 이처럼 클럽에 맡기고 휘두르면 시
계추의 움직임이 되므로 클럽헤드가 손을 앞지르는 타이밍도 안정되고 재현성 높은 스윙이 됩니다.

자신의 힘으로 손목을 꺾는 타이밍을 컨트롤하고자 하면 손목을 빠른 단계에서 풀어버리는 '얼리 릴리스
(early release)'를 범하기 쉬울뿐더러 뒤땅과 비거리 감소 등 미스의 원인이 됩니다.

POINT
오른손만으로 클럽을
빙빙 돌려보자

부드럽게
돌릴 정도의
힘으로
클럽을 쥡니다.

클럽을 오른손으로만 잡고 빙빙 빠르게 돌린다.
원심력을 느끼면서 손목을 부드럽게 돌리는 것
이 포인트. 너무 세게 쥐면 손목이 굳어 클럽을
부드럽게 돌릴 수 없다.

올바른 코킹 사용법을 손으로 확인하자

POINT
백스윙 시 왼팔과 왼손 손등은 똑바로 되고 오른손 손목은 꺾인다

백스윙 시

백스윙과 팔로우 할 때 좌우대칭의 형태가 됩니다.

백스윙에서는 왼손의 손목을 굽히지 않고 오른손의 손목만 손등 쪽으로 꺾이는 것이 올바른 코킹의 형태다. 손목은 페이스 면과 링크되어 있는데, 이때 왼손의 손목이 손등으로 꺾이게 되면 페이스가 크게 열려버린다.

코킹의 형태를 잘못하면
슬라이스가 나기 쉽다

코킹은 팔이 지면과 평행하게 되는 지점부터 백스윙의 기세로 자연스럽게 만들어지는 손목의 각도를 말합니다. 이 코킹이 임팩트에서 해방되면서 효율적으로 볼에 힘을 전달할 수 있습니다.

다만 코킹의 형태에 주의해야 합니다. 손목과 페이스 면은 링크되어 있기 때문에 백스윙 시 왼손의 손목이 손등 쪽으로 꺾이면 페이스가 너무 열려서 슬라이스를 내기 쉽습니다. 따라서 백스윙 시 손목을 부드럽게 사용하여 몸의 회전에 따라 클럽을 올리면 왼손의 손목이 손등 쪽으로 꺾이는 일은 없습니다.

연습할 때 손에서 코킹의 형태를 만들고 그대로 올리면 올바른 탑을 체감할 수 있습니다.

POINT
팔로우 시에는 백스윙과 대칭으로
오른팔과 오른손 손등이 똑바로 되고 왼손 손목이 꺾인다

팔로우 시

다운스윙에서는 점점 오른손 손목의 각도가 풀린다. 클럽헤드가 손을 추월한 후 팔로우에서는 양손의 관계도 서로 바뀌고 오른손의 손목은 굽혀지지 않으며 왼손의 손목이 손등 쪽으로 꺾이는 형태가 된다.

페이스 관리는
손목과 회전으로 한다

POINT

몸의 회전과 함께 완만하게
페이스가 턴한다

시계추의 움직임이 가능해지면 목덜미를 받침대 삼아 클럽이
움직이기에 페이스 면이 완만하게 개폐되어 방향성이 안정된
다. 팔을 비틀지 말고 몸의 회전과 함께 페이스 턴하자.

그립의 끝을
배꼽에 대고 움직이면
올바른 개폐 정도를
알 수 있습니다.

완만하게 개폐하는 것이
방향성을 높이는 포인트

시계추의 움직임이 가능해지면 클럽헤드가 몸을 중심으로 인사이드 인의 궤도를 그리면서 페이스가 완만하게 개폐됩니다. 이것이 회전에 의한 페이스 턴입니다. 백스윙으로 팔을 바깥쪽으로 비틀면 페이스가 크게 열려서 임팩트에 맞춰 다시 팔을 반대 방향으로 비틀어야 합니다. 이렇게 되면 페이스가 급격히 개폐되기에 방향성도 안정되지 않죠. 또한 손목의 시계추에 의해 페이스가 개폐됩니다. 36쪽과 37쪽에서 설명한 바와 같이 올바른 코킹의 형태를 만들면 개폐가 완만해져서 손목을 많이 사용해도 방향성이 나빠지지 않습니다.

페이스 관리는 손목과 회전만으로 하고 팔을 꼬아서는 안 됩니다.

NG

**팔을 비틀어 페이스를 뒤집으면
방향성이 안정되지 않는다**

백스윙에서 크게 열린 페이스를 임팩트에서 힘껏 뒤집는 타법은 페이스 면이 스퀘어가 되는 시간이 아주 잠깐이라 방향성이 안정되지 않는다.

NG

**'팔의 방향을 바꾸지 않는'
타법은 부자연스럽다**

닫힌 채로 올려서 닫힌 채로 내리는 타법은 인간의 신체에 부자연스러운 움직임이기 때문에 어렵다. 다소의 페이스 개폐는 필요하다.

시계추의 리듬에 맞추면
재현성 높은 스윙이 된다

POINT

**어드레스에서 '하나',
탑에서 '둘', 임팩트에서
'셋'을 센다**

시계추는 일정한 리듬으로 흔들리기 때문에 스윙에서도 리듬 유지가 굉장히 중요하다. 어드레스에서 '하나', 탑에서 '둘', 임팩트에서 '셋' 이라고 세면서 연습해보자.

템포
기준 아이언 → 63bpm

항상 같은 리듬으로
휘두를 수 있도록 하자

시계추를 상상해보세요. 추가 아래에서 위로 올라갈 때 점점 감속하다가 최고점에 이르면 속도가 '0'이 됩니다. 다시 위에서 아래로 내려갈 때 점점 가속하다가 최하점에 이르면 속도가 가장 빨라집니다. 시계추는 이렇게 일정한 리듬으로 흔들립니다. 그러나 스윙의 경우, 백스윙 및 전환에서 클럽을 한 번에 가속하려는 사람이 많습니다. 스윙의 템포는 긴 클럽일수록 천천히, 짧은 클럽일수록 빨라집니다. 전체적인 속도감은 개인차가 있으므로 자신에게 적합한 리듬을 확인하는 데는 메트로놈을 사용한 연습을 추천합니다. 저의 클럽별 템포를 예로 들었으니 참고해보세요.

POINT
긴 클럽은 느리고, 짧은 클럽은 빠른 템포

긴 클럽은 느린 템포, 짧은 클럽은 빠른 템포로 치는 게 좋다. 메트로놈을 사용해 연습하면 기준이 되는 템포를 정할 수 있다.

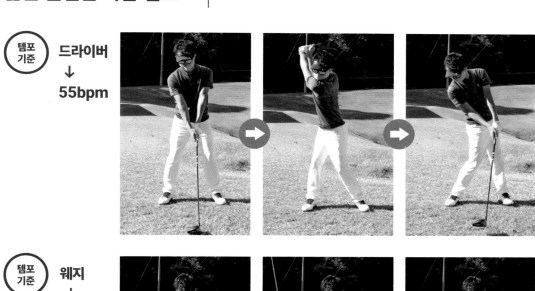

템포 기준　드라이버
↓
55bpm

템포 기준　웨지
↓
70bpm

메트로놈 앱을 사용하면 효율적으로 연습할 수 있습니다.

시계추는 팽팽한 균형을 유지하고 있다

POINT
팽팽하게 잡아당김으로써 재현성이 높아진다

시계추를 인간의 몸에 비교하면 팔은 시계추의 줄이고 클럽을 쥔 손이 추, 목덜미가 중심이 된다. 스윙 중 항상 팽팽히 당기는 힘을 의식하면 안정된 궤도를 실현할 수 있다.

어드레스부터
팔로우까지,
팔을 계속 당기려고
의식해야 합니다.

당겨지는 감각이 있으면
팔이 느슨해지지 않는다

백스윙에서는 왼팔이 당겨지고 오른팔 팔꿈치가 접히며, 팔로우에서는 오른팔이 당겨지고 왼팔 팔꿈치가 접히는 것이 골프의 스윙입니다. 그러나 의식적으로 팔을 굽히지 않고 오히려 항시 양팔이 당겨지는 느낌을 떠올리는 것이 좋습니다. 왜냐하면 시계추의 줄처럼 팔이 빨리 굽게 되면 느슨해져서 궤도가 안정되지 않습니다.

기세 좋게 휘두른 팔로우는 자연스럽게 양팔이 뻗쳐 있는 반면, 스스로 클럽을 드는 백스윙은 오른팔 팔꿈치를 바로 굽히기 쉬우므로 특히 의식적으로 양팔을 훨씬 당기면서 들어 올릴 필요가 있습니다. 그렇게 함으로써 오른팔 팔꿈치가 접히는 타이밍을 늦추면 백스윙과 팔로우에서 좌우대칭인 스윙이 됩니다.

NG

팔이 느슨하거나 머리를 너무 움직이면
불안정한 스윙이 된다

팔이 느슨한 상태에서 어드레스를 하거나 팔이 당겨지지 않고 빠른 단계에서 굽으면 불안정한 스윙이 된다. 또한 중심의 위치가 흐트러져도 팔이 느슨해지므로 받침대의 위치를 유지하는 것도 중요하다.

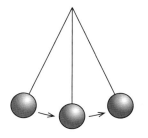 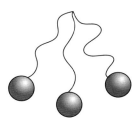

예쁜 시계추를 만들려면
팽팽함이 필요

시계추의 줄에는 받침대와 추 사이의 팽팽한 힘이 항시 작용하고 있으므로 예쁜 원 궤도를 그린다. 반면 팽팽한 힘이 없으면 줄이 느슨해져 궤도가 흐트러진다.

'핸드퍼스트'라는 단어에 속지 마라

'손을 앞으로'
보내려고 의식할
필요는 없습니다.

핸드퍼스트를
의식하지 않는 것이 좋은 이유

'핸드퍼스트'는 자주 듣는 골프 용어지만 이 형태를 의식하는 것은 매우 위험합니다. 시계추처럼 임팩트에서 샤프트와 지면이 수직이 되는 느낌을 가지면 가장 낮은 지점이 안정됩니다. 그러나 핸드퍼스트로 맞히려고 하면 가장 낮은 지점을 머릿속에 그리기 어려워 위치가 어긋나기 쉽습니다.

시계추를 의식하는 경우에도 몸의 회전이 더해지면 결과적으로는 손이 볼보다 앞서는 형태로 볼이 맞기 때문에 일부러 핸드퍼스트를 의식할 필요가 없는 것입니다.

또한 코킹이 빨리 풀려버리는 플립(flip)은 손목으로 힘을 줘 스피드를 올리려 하는 것에서 기인합니다. 시계추의 움직임에서는 손목을 부드럽게 사용하기 때문에 플립이 되지 않습니다.

✓ POINT CHECK

어디까지나 스윙은 시계추이기 때문에 임팩트의 클럽과 지면이 수직이면 오케이!

핸드퍼스트를 의식하면 클럽의 토(toe)에 힘이 가해져 손목이 굳어지는 등 다양한 에러의 원인이 된다. 클럽헤드가 가장 낮은 지점에 있을 때 샤프트가 지면과 수직이 되는 이미지가 좋다.

✓ POINT CHECK

시계추의 움직임에 몸의 회전이 더해짐으로써 결과적으로 손이 볼보다 먼저 맞는다

전환 이후, 하반신이 먼저 돌고 가장 나중에 클럽이 움직인다. 이 때문에 자연스럽게 팔과 손목이 클럽보다 앞서면서 핸드퍼스트의 형태가 된다.

스윙을 가르칠 때는 친한 사람일수록 자상하게

가족이나 친구 등 친한 사람에게 스윙을 가르칠 때는 주의가 필요합니다. 제가 가르치는 레슨생들에게서 "골프 때문에 싸웠다"라는 에피소드를 정말 많이 듣습니다. 특히 부부나 커플이 많은데, 모처럼 같이 골프를 다녀와서 "이제 남편과 다신 골프를 안 간다"라고 한다면 너무 아쉽겠죠.

누구나 알려주면 열심히 하려고 하지만 이해도나 운동신경이 각자 다르므로 모두가 바로 잘할 수 있는 것은 아닙니다. 그러한 점에서 가르치는 사람이 흥분하여 자기 말만 한다든지 말이 거칠어지거나 하여 결국 "그냥 원래 하던 대로 해라"라고 포기한다면 배우던 사람은 화가 납니다.

물론 가르치는 것 자체는 나쁜 것이 아닙니다. 중요한 것은 긍정적인 말투입니다. "아까보다 조금 멀리 갔네", "네 번에 한 번이었던 게 이제 세 번에 한 번은 잘 맞고 있네" 등 아주 작은 성장이라도 찾아서 칭찬해주세요. 그러면 멋진 골프 라이프를 즐길 수 있습니다.

제2장

올바르게 몸을 회전하기 위해서 필요한 것

재현성을 유지하면서 비거리를 늘리기 위해서는 몸의 회전이 필요합니다. 몸을 돌리지 않고 팔만 휘두르면 팔이 느슨해져 시계추 움직임이 되지 않는 것이죠. 따라서 몸은 가능한 한 크게 돌리는 것이 포인트입니다. 올바른 몸의 회전법과 이에 필요한 감각을 알아봅시다.

THE COMPLETE GOLF SWING GUIDE

회전이란 척추를 축으로 '몸을 회전하는 것'

척추의 축

'자리에서 그냥 도는' 움직임으로는 받침대의 위치를 유지할 수 없다

몸을 회전시킴으로써 시계추의 크기를 최대화할 수 있고 효율적으로 스윙할 수 있습니다. 시계추의 받침대인 목덜미의 위치를 유지하기 위해서는 척추를 축으로 회전해야 합니다. '자리에서 그냥 도는' 움직임과는 다릅니다. 몸의 위치를 바꾸지 않고 돌리려고 하면 척추의 위치가 움직여 도리어 받침대를 유지할 수 없게 됩니다. 척추는 몸의 뒷부분에 있으므로 척추를 축으로 회전하면 몸을 좌우로 움직이게 됩니다. 몸을 크게 움직여서 체중 이동이 확실히 생기기 때문에 좌우로 흔들리는 것처럼 생각할 수 있겠지만 받침대의 위치가 유지되기에 안정된 스윙이 됩니다.

POINT
몸은 회전하면서 좌우로 이동한다

척추는 몸의 뒷면에 있으므로 척추를 축으로 회전하면 몸이 좌우로 이동하는 움직임이 된다. 이것으로 스윙의 아크가 커지고 효율적인 스피드를 낼 수 있다.

척추의 축

어드레스

몸

백스윙

몸

팔로우 스루

49

등의 면을 의식하면 부드럽게 회전할 수 있다

POINT
등의 면이 180도 바뀌도록 돌리기

충분한 회전량을 얻기 위해서는 백스윙 시 90도, 팔로우 시에도 90도 이상 상반신을 돌릴 필요가 있다. 등의 면을 180도 바꾸려고 의식함으로써 좌우대칭으로 균형 있는 회전을 할 수 있다.

구체적인 슬라이스 치료는
몸을 확실히 돌리는 것

슬라이스로 고민하는 골퍼들의 원인은 대부분 회전 부족입니다. 슬라이스를 근본적으로 고치는 데 가장 좋은 방법은 몸을 확실히 돌리는 것인데, 제대로 몸을 돌리려면 등의 면을 의식해야 합니다. 백스윙의 경우, 등이 목표 방향을 향하도록 의식해주세요. 등이 목표 방향을 정면으로 마주하고 상반신을 90도 돌린 상태가 되면 충분히 회전한 것입니다. 또한 백스윙을 할 때는 몸을 돌리는데 팔로우에서는 몸을 못 돌리는 사람도 있습니다. 올바른 진자운동으로 치기 위해서는 팔로우 때도 좌우대칭으로 몸을 돌리며 쳐야 합니다. 탑에서 등의 면이 180도 바뀌도록 의식해주세요. 그러면 팔로우 때도 제대로 몸을 돌릴 수 있습니다.

POINT
백스윙 때는 등이 목표 방향을
향하도록 의식한다

백스윙에 회전이 부족하면 손의 힘으로 휘둘러 슬라이스를 내거나 여러 가지 미스의 원인이 된다. 등이 목표 방향을 향할 때까지 몸을 돌리면 회전 부족을 방지할 수 있다.

몸을 그냥 돌리기만 하는 것이 아니라 꼬임을 만들어야 한다

POINT

**백스윙 때는 허리를 45도,
어깨는 90도 회전하고
트위스트를 임팩트까지 유지하기**

어드레스 때는 어깨와 허리가 같은 방향을 향한다. 그러다 백스윙에서 허리가 45도, 어깨가 90도 돌아간 상태를 만든다. 하반신을 먼저 돌리며 임팩트까지 트위스트를 유지한다.

어깨 방향

허리 방향

몸 전체를 사용하는
강한 스윙을 목표로 하자

골프 스윙에는 회전이 필요합니다만, 아무리 몸을 돌려도 허리나 어깨가 같이 돌면 스윙 스피드가 오르지 않습니다. 상반신과 하반신 간의 회전량 차가 생기고 몸을 비꼬는 것처럼 움직이는 '트위스트'가 생기면 백스윙에서 효율적으로 파워가 모여 몸 전체를 사용한 강한 스윙이 됩니다.

백스윙에서 트위스트를 만들고 탑에서 허리가 45도, 어깨가 90도 돌아가 있는 상태가 이상적입니다. 탑부터 '하반신→상반신→팔'의 순서로 목표 방향으로 회전하기 때문에 임팩트 시 몸이 강렬하게 꼬여 트위스트가 더욱 강해집니다. 손과 팔의 힘으로 클럽을 내리고자 하면 이 순서가 반대로 되어 애써 만든 트위스트가 사라지죠.

POINT
각 포지션에서 5초씩 멈추며 트위스트 체감해보기

백스윙에서 만들어진 트위스트를 임팩트까지 유지하는 것을 의식하면서 연습하자. 임팩트 후에 꼬였던 것이 풀어지면서 피니시에서는 허리와 어깨가 같은 방향을 향하는 상태가 된다.

트위스트로 자연스럽게 적정한 스윙 궤도를 이룬다

POINT

클럽이 트위스트로 인사이드에서 내려온다

트위스트가 되어 있으면 탑에서 몸을 계속 돌려도 가슴이 열리지 않기 때문에 클럽이 인사이드에서 내려온다. 임팩트에서는 가슴이 볼을, 허리가 목표지점을 향하는 형태가 된다.

트위스트로
몸을 시원하게 끝까지 다 돌린다

트위스트의 역할이 볼에 힘을 효율적으로 전하는 것만은 아닙니다. 스윙 중에는 회전을 멈추지 않고 몸을 시원하게 끝까지 다 돌리고 칩니다. 하지만 허리와 어깨가 같이 돌면 임팩트 때 가슴이 열려 오른쪽 어깨가 앞으로 나오기 때문에 아웃사이드에서 클럽이 내려와 슬라이스가 나기 쉽습니다. 그렇게 되면 임팩트에서 몸의 회전을 멈추고 칠 수밖에 없습니다.

따라서 백스윙에서 트위스트를 만들고 이를 임팩트까지 유지한 채로 계속 돌리는 것이 중요합니다. 임팩트에서 가슴이 볼을, 허리가 목표지점을 향한다면 트위스트가 유지되고 있다는 증거입니다. 몸을 계속 돌려도 가슴이 열리지 않기 때문에 인사이드에서 올바른 궤도로 클럽을 내릴 수 있는 것입니다.

NG
트위스트가 없으면 클럽이
아웃사이드에서 내려오기 쉽다

트위스트가 부족하면 가슴이 열려서 오른쪽 어깨가 앞으로 나오기 때문에 아웃사이드에서 클럽이 내려오기 쉬워져 슬라이스의 원인이 된다.

옆구리의 팽팽함을 느끼며 스윙하자

트위스트가 있는 스윙은 몸의 감각으로 익힌다

백스윙에서 트위스트를 만들 때는 앞서 이야기한 대로 허리와 어깨가 같이 돌면 안 됩니다. 상반신은 확실히 돌려야 하지만 하반신은 참아야 합니다. 그리고 오른쪽 무릎이 펴지면서 엉거주춤한 자세가 되면 허리가 너무 돌게 됩니다. 오른쪽 무릎이 너무 늘어나지 않도록 의식하면 이를 멈춰주는 스토퍼가 생겨 허리가 45도 돈 지점에서 멈춥니다.

트위스트가 생기면 오른쪽 옆구리와 오른쪽 다리 허벅지 뒤쪽이 늘어납니다. 또한 전환부터 임팩트까지는 늘어났던 오른쪽 옆구리가 줄어들고 왼쪽 옆구리와 왼쪽 허벅지 뒤쪽이 늘어납니다. 이렇게 몸이 꼬여서 근육이 늘어난 감각을 기억하면 항상 트위스트가 있는 스윙을 할 수 있습니다.

POINT

**오른쪽 골반 부분에
바지 주름이 생기도록
하반신을 참으며 상반신 돌리기**

백스윙에서는 우측 주름이 다 펴지지 않도록 의식함으로써 허리가 지나치게 돌아가는 것을 방지한다. 이때 오른쪽 골반 부분에 손가락이 들어갈 정도의 바지 주름이 생긴다면 합격이다.

NG

허리가 너무 돌아가면 트위스트가 생기지 않는다

백스윙에서는 하반신이 도는 것을 참음으로써 트위스트가 생겨난다. 이때 하반신의 움직임을 참지 못하고 허리가 어깨와 같이 45도 이상 돌게 되면 몸이 꼬이지 않아 트위스트를 만들 수 없다.

우측 어깨를 목 뒤까지 돌리면 회전이 부족하지 않다

POINT
탑에서는 우측 어깨를 목 뒤로, 피니시에서는 좌측 어깨를 목 뒤까지 돌린다

어깨가 깊이 들어간 큰 탑이나 피니시를 만들기 위해서는 의식적으로 어깨를 뒤로 돌리는 게 좋다. 이때 팔꿈치가 아래를 향하는 것이 포인트. 팔꿈치가 뒤로 빠진 형태가 되면 안 된다.

NG
트위스트가 없으면 클럽이 아웃사이드에서 내려오기 쉽다

트위스트가 부족하면 가슴이 열려서 우측 어깨가 앞으로 나오기 때문에 아웃사이드에서 클럽이 내려오기 쉬워져 슬라이스의 원인이 된다.

탑과 피니시에서
어깨를 쑥 넣는다

몸을 확실히 돌리려고 해도 양쪽 어깨 중 어느 하나가 회전이 부족할 때가 있습니다. "탑에서 왼쪽 어깨를 턱 아래로 넣어라"라고들 하는데, 이것에만 신경을 써서 우측 어깨가 움직이지 않으면 결국 움츠러든 탑이 됩니다. 오히려 우측 어깨를 의식해 탑에서 목 뒤까지 회전하는 것처럼 동작해야 견갑골이 쑥 들어가서 큰 탑이 생깁니다.

또한 팔로우 시에도 동일하게 왼쪽 어깨를 목 뒤로 돌리려고 하면 큰 피니시가 생겨 좌우대칭으로 균형 있는 좋은 스윙이 됩니다. 어깨를 목 뒤로 돌릴 때 팔꿈치가 같이 뒤로 빠지지 않도록 주의해주세요. 탑에서는 오른팔 팔꿈치를, 피니시에서는 왼팔 팔꿈치를 아래로 향하게 함으로써 아름다운 형태가 됩니다.

POINT
백스윙에서는 우측 견갑골이 정면에서 봤을 때 충분히 돌아가 있다

탑에서
우측 견갑골이
쑥 들어가도록
확실히 어깨를
돌립니다.

정면에서 스윙을 확인했을 때, 탑에서 우측 견갑골이 보이면 오른쪽 어깨가 충분히 돌아가 있는 것. 견갑골이 보이지 않는 것은 우측 어깨가 확실히 돌아가 있지 않았다는 증거다.

'볼을 잘 봐라'라는 말은
몸을 회전시키는 데 방해가 된다

머리의 위치를
너무 고정하면 몸을
회전시키기 어렵다

머리의 위치를 고정한 채로 몸을 돌리는 것은 유연성이 없으면 어렵다. 또한 계속 아래를 향하며 볼을 응시하면 몸이 고정되므로 볼을 너무 의식하지 말고 편하게 봐라.

머리를 너무
고정하려고 들면
옹졸한 스윙이
되어버립니다.

머리를 조금 움직이면
부드럽게 회전하기 쉬워진다

흔히 "머리를 움직이지 말라"라고 합니다. 하지만 재현성에서 중요한 것은 시계추의 받침대 위치를 유지하는 것인데, 이 받침대는 목덜미에 있습니다. 따라서 목덜미 위치만 유지하면 머리 위치나 방향은 변해도 괜찮습니다. 오히려 계속 아래를 향한 채 머리를 고정하고자 의식하면 몸이 돌기 어려워져 옹졸한 스윙이 되어버립니다.

일반적인 유연성을 가진 골퍼가 아래를 향한 채 백스윙을 하려고 하면 몸이 충분히 돌지 않으므로, 올라가는 클럽에 이끌려 얼굴의 방향이 조금 도는 정도가 좋습니다. 이때 시선이 헤드를 쫓아가지 않도록 주의합시다. 팔로우 때도 클럽에 살짝 당겨지면서 고개를 들게 되므로 끝까지 휘두르기가 쉬워집니다.

몸의 회전과 함께 머리의 위치나 얼굴 방향은 다소 움직여도 오케이!

 POINT CHECK

머리의 방향이나
위치가 다소
움직여도 괜찮다

목덜미의 받침대가 흐트러지지 않는 범위라면 머리 위치나 방향이 움직여도 괜찮다. 오히려 조금 움직여줌으로써 몸의 회전을 방해하지 않고 부드럽게 움직일 수 있다.

한 번에 여러 가지를 하려고
하지 마라, 연습하지 마라

골프를 잘하고 싶다면 급할수록 돌아가야 합니다. 한 번에 이것저것 하려고 하지 말고 하나씩 몸에 익혀 나가야 가장 빨리 성장할 수 있습니다. 스윙이 그다지 안 바뀌거나 편차가 큰 것처럼 느끼는 사람은 볼 하나를 쳐서 미스 샷을 내면 바로 생각을 바꾸거나 한 번에 너무 많은 것을 생각하곤 합니다. '지금은 여기가 안 좋았다', '저기가 안 좋았다' 하며 실수할 때마다 생각을 바꿔버리면 아무 것도 정착되지 않습니다. 또한 스윙 중에 여러 가지를 생각하면 몸이 부드럽게 움직이지 않아 결국 하려고 하는 동작이 잘 안 됩니다. 따라서 하나만 생각하고 '끝까지 해내는 것'이 중요합니다.

한 가지 테마를 정하면 적어도 연습은 사흘 동안, 라운딩은 18홀 동안 계속해주세요. 어떤 스윙일지라도 100퍼센트 '나이스 샷'을 치는 방법은 존재하지 않습니다. 한두 번 정도 실수해도 신경 쓰지 마세요. 그만큼 계속하다 보면 새로운 감각과 깨달음이 생깁니다. 또한 움직임도 몸에 익어 착실히 앞으로 나갈 수 있어요.

제3장

효율적인 다리의 움직임으로 힘을 주지 않아도 멀리 가는 스윙 익히기

골프 스윙은 하반신의 움직임에 의해 몸이 돌고 팔이 휘둘려집니다. 또한 다리를 많이 움직일 수 있으면 효율적인 스윙이 됩니다. 멀리 보내고 싶다면 손과 팔의 힘으로 빨리 치려고 하지 마세요. 힘의 원천은 하반신이므로 다리 힘을 활용한 스윙을 몸에 익힙시다.

THE COMPLETE GOLF SWING GUIDE

일상적으로 하는 '걷는 움직임'을 스윙으로 전환하자

POINT

**우선 걷는 리듬으로
그 자리에서 제자리걸음 하기**

걸을 때 팔이 흔들리는 것처럼 골프에도 자연스러운 몸의 연동이 필요합니다. 우선 그 자리에서 똑바로 걷는 듯한 상상을 하면서 뒤꿈치만 세워 제자리걸음을 해보세요.

백스윙에서는
오른발을 디디기

다운스윙에서는
왼발을 디디기

인간 본래의 자연스러운 움직임으로
쭉쭉 몸을 움직이기

걸을 때는 상반신에 힘이 들어가지 않고 발을 내딛음으로써 팔이 흔들립니다. 이것이 인간 본래의 자연스러운 움직임으로, 마찬가지로 스윙에서도 하반신의 움직임에 의해 몸이 돌고 팔이 흔들리는 순서가 정답입니다. 그러나 골프에 접목하는 순간 전혀 다른 움직임이 되기 쉬우므로, 우선은 약간 과장되게 의식적으로 하반신을 움직이는 것이 필요합니다. 뒤꿈치를 세우고 그 자리에서 제자리걸음을 해주세요. 여기에 회전을 더합니다. 백스윙에서는 오른발을, 다운스윙에서는 왼발을 내디뎌서 반동으로 몸을 돌립니다. 쭉쭉 시원하게 몸이 회전하는 느낌이 있다면 합격입니다. 클럽을 가진 상태로도 동일하게 움직일 수 있도록 의식하면서 연습해봅시다.

POINT
제자리걸음 시 허리의
회전을 더한다

제자리걸음에 회전을 더하면 부드럽게 몸을 돌릴 수 있다. 백스윙에서는 오른발을, 다운스윙에서는 왼발을 내디디는 반동으로 몸을 돌린다.

백스윙에서
왼발은 발끝에,
오른발은 발뒤꿈치에
체중 싣기

회전과 함께
왼발은 발뒤꿈치,
오른발은 발끝으로
체중 이동

오른쪽 다리를 안쪽으로 틀면서 지면을 찬다

허벅지에 힘이 들어가서 딱딱해졌는지 확인해봅시다.

NG

무릎이 앞으로 나가면 안쪽으로 돌릴 수 없다

오른쪽 다리가 안쪽으로 회전하지 않고 무릎이 앞으로 나가버리면 허리 회전이 멈춰버린다. 오른쪽 무릎을 안쪽으로 붙이듯 하며 오른쪽 다리를 안쪽으로 돌림으로써 허리를 부드럽게 돌린다.

오른쪽 다리를 안쪽으로 돌림으로써
허리를 빨리 돌린다

다운스윙에서 오른쪽 다리를 안쪽으로 돌리면서 지면을 찹니다. 그렇게 하면 허리를 밀어 넣듯이 돌릴 수 있으므로 허리가 빨리 돌고 스윙 스피드도 빨라집니다. 그리고 피니시에서는 거의 모든 체중이 왼발로 이동하기 때문에 오른발 안쪽이 젖혀지고 발끝이 지면에 조금 닿는 것과 같은 상태가 됩니다.

지면을 찰 때 무릎이 앞으로 나오면 오른발에 체중이 남아 허리 회전도 멈춰버리므로 효율이 나쁜 스윙이 되어 비거리가 줄어듭니다. 또한 손이 지나가는 길이 사라져 앞으로 나와버리기에 볼이 클럽헤드의 넥에 맞는 생크(shank)의 원인이 되기도 합니다. 따라서 오른쪽 무릎이 왼쪽 무릎에 붙는 느낌으로 안쪽으로 가깝게 함으로써 무릎이 앞으로 나가는 것을 막을 수 있습니다.

POINT
피니시 때 뒤에서 다리 뒷면 전체가 보이도록 하자

피니시 때 오른쪽 다리 뒷면 전체가 보이면 합격이다. 왼발로 체중이 이동하므로 오른발은 발끝에서 지면이 조금 닿은 정도다. 오른쪽 다리를 다 돌리지 못해서 체중이 남으면 젖혀지지 않는다.

왼쪽 다리는 지면을 똑바로 내디디면서 펴준다

벨트를 위로 당기는 듯한 이미지로 지면을 내디디고 나서 왼쪽 다리를 펴줍니다.

POINT
피니시에서는 왼쪽 다리가 완전히 다 펴진 상태가 된다

몸이 좌측으로 회전하기 때문에 피니시에서는 좌측의 발꿈치로 체중을 흡수함으로써 균형 있게 멈춰진다. 발끝에 체중이 실리면 앞으로 고꾸라지는 모양이 된다.

왼쪽 다리를 끝까지 다 펴고
허리 회전을 멈추지 않기

오른쪽 다리를 안쪽으로 틀면서 동시에 왼쪽 다리를 펴면 허리를 멈추지 않고 회전할 수 있습니다. 그러므로 피니시에서는 왼쪽 다리가 다 펴진 상태를 목표로 합시다. 이때 왼쪽 무릎을 그저 펴기만 한다면 오른쪽 다리로 중심이 쏠려 엉거주춤한 자세가 되어 아웃사이드 인 궤도가 될 가능성이 있습니다. 따라서 왼쪽 다리로 지면을 내디디고 난 다음 펴는 것을 의식합시다. 내딛음으로써 자연스럽게 체중 이동이 되는 것입니다.

또한 피니시에서는 왼쪽 다리의 뒤꿈치에서 체중을 흡수함으로써 균형 있게 멈출 수 있습니다. 이때 발끝이 조금 뜬 상태가 되는 게 이상적입니다.

NG
왼쪽 다리가 굽은 상태에서는
허리 회전이 부족하다

왼쪽 무릎이 굽은 상태에서는 고관절이 잠겨버려 허리를 다 돌릴 수 없다. 임팩트 때 앞으로 쏠린 자세가 무너져 회전 부족으로 클럽을 다 휘두를 수 없으므로 옹졸한 스윙이 되어버린다.

발끝에 체중이 쏠려 생크 등의 원인이 되기도 합니다.

멀리 보내고 싶다면 지면을 강하게 내딛자

멀리 보내고 싶다면
팔이 아닌 다리에
힘을 줍시다.

70

다리에 아무리 힘을 줘도 이상한 스윙은 되지 않는다

제 유튜브 동영상에서도 반복해서 말씀드리지만, 멀리 보내고 싶다면 다리에 힘을 주세요. 상반신보다 하반신 쪽에 근육량이 많고, 지면을 강하게 내디딜수록 강한 힘을 얻을 수 있기 때문입니다. '멀리 보내야지'라고 생각하면 손과 팔에 힘이 들어가 불편한 스윙이 되는 사람이 많지만, 다리는 아무리 힘을 줘도 이상한 스윙이 되지는 않습니다. 오히려 균형을 유지하면서 비거리를 늘릴 수 있습니다.

전환에서 지면을 내디디고 임팩트 시 다리를 펴줌으로써 헤드 스피드를 효율적으로 올릴 수 있습니다. 이는 양쪽 다리에 모두 해당하는데, 의식해야 하는 것은 왼쪽 다리입니다. 왼쪽 다리를 강하게 내디디면 허리가 빨리 돌고 트위스트가 커집니다.

POINT
강하게 내디디면 허리가 빠르게 돌고 트위스트가 강해진다

전환 시 발을 내딛음으로써 허리의 회전 스피드가 올라가고 트위스트가 강해진다. 임팩트에서는 다리를 펴고 멈춘 힘을 풀어줌으로써 볼을 멀리 보낼 수 있다.

POINT
어프로치 등 멀리 보낼 필요가 없는 샷은 발을 내딛지 않는다

풀 스윙을 하지 않는 클럽의 경우, 발을 내딛는 힘이 약해진다. 드라이버에서 퍼터까지 클럽을 휘두르는 폭에 맞춰 단계적으로 다리의 움직임을 적게 하여 비거리의 차이를 만들 수 있다.

그네 타듯 구부리면
클럽이 앞으로 나간다

POINT

타이밍 좋게 구부리면
시계추에 기세가 붙는다

시계추 움직임에 상하 움직임을 더함으로써 클럽헤드에 기세가 붙는다. 이 힘을 잘 이용하기 위해서는 타이밍이 중요한데, 그네를 타듯이 최고점에서 내려올 때 아래를 향해 쑥 에너지를 더하면 속도가 더해진다.

그네를 타듯
구부렸다가
다리를 펴면 진자운동이
커집니다.

올바른 구부리기
타이밍을 찾자

발을 내딛음으로써 헤드 스피드가 올라간다고 했는데 여기에 구부리는 움직임을 더하면 더욱 효율적인 스윙이 됩니다. 하반신을 스쿼트처럼 굽혔다 폈다 함으로써 시계추의 움직임에 상하 움직임이 더해져 클럽헤드에 기세가 붙는 것입니다.

이 힘을 잘 사용하기 위해서는 타이밍이 굉장히 중요한데 이는 스스로 발견하는 수밖에 없습니다. 그네를 타는 움직임을 상상하며 전환 직후에 내려갔다가 임팩트에 맞춰 다리를 펴줍니다. 평상시보다 몸을 부드럽게 돌리거나 헤드가 앞으로 나가는 감각이 있다면 정답입니다. 처음에는 뒤땅을 치거나 안 맞을 수도 있겠지만 타이밍이 맞을 때까지 도전해보세요.

POINT
정점에서 낙하하기 시작한 직후에
내려가는 이미지 갖기

내려가는 타이밍은 전환 직후가 된다. 무릎을 빼듯 내려가고 임팩트에 맞춰 펴줌으로써 클럽헤드가 앞으로 나가고 그 기세로 큰 팔로우가 된다.

백스윙에서 펴며 올라가는 것에 주의합시다.

NG
내려감은 하반신의
움직임에 의해 발생한다

백스윙에서 펼쳐지고 임팩트에서 깊이 내려가는 스윙은 틀렸다. 내려감은 하반신의 움직임에 의해 생기는 것이고 상반신을 아래로 움직여서는 안 된다.

다리의 움직임에 의한 체중 이동을 일련의 흐름으로 확인하자

백스윙

왼발은 발끝, 오른발은 뒤꿈치로
체중이 이동하며
백스윙 방향으로 몸이 돌아간다.

다운스윙

다운스윙에서는 왼발은 뒤꿈치,
오른발은 발끝으로 체중을 이동해가면서
임팩트로 향한다.

슬로모션으로
일련의 움직임을 확인하자

하반신은 효율적으로 스윙을 만드는 데 있어 매우 중요합니다. 지금까지 설명한 각각의 움직임을 복습해봅시다. 백스윙에서는 오른발을 내디디고 무릎을 펴면서 허리를 돌립니다. 이때 체중은 오른발 뒤꿈치, 왼발 발끝에 둡니다. 다운스윙에서는 오른쪽 다리를 안쪽으로 비틀며 구부렸던 양다리를 폅니다. 체중은 오른발 발끝, 왼발 뒤꿈치로 이동합니다. 임팩트에서는 왼쪽 다리를 끝까지 펴줌으로써 허리가 확실히 돌아갑니다. 피니시에서는 거의 모든 체중이 왼발 뒤꿈치에 실리고 오른발은 발끝이 지면에 살짝 닿는 상태가 됩니다. 바른 움직임을 확인하면서 천천히 하반신을 움직이는 연습을 해보세요.

임팩트

오른쪽 다리를 안쪽으로 돌리고
왼쪽 다리를 펴줌으로써
허리가 확실히 돌아간다.

피니시

거의 모든 체중이 왼발 발꿈치에 실리고
오른발은 발끝이 지면에 살짝 닿는 정도

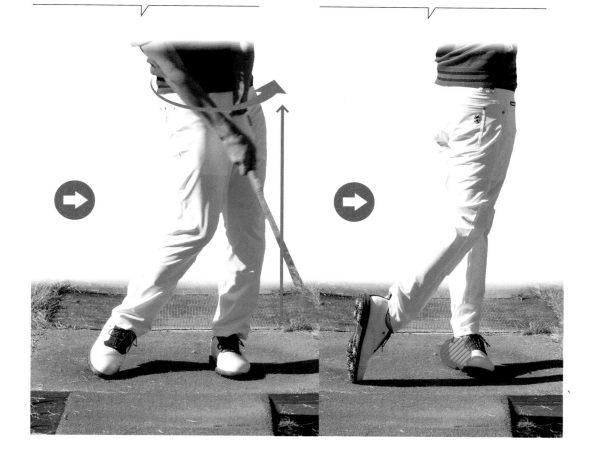

편평한 발 스윙은 회전 부족이 되기 쉽다

편평발로
몸을 움직이는 것은
유연성이 꽤
필요합니다.

오른발에 체중이 그대로 남아 있는 스윙이 되기도 쉽다

편평발로 하반신이 움직이지 않으면 체중이 이동되지 않아 오른발에 체중이 그대로 남아 있기 쉽다. 뒤땅을 치거나 클럽도 바깥쪽에서 내려오기 쉬워 슬라이스의 원인이 되기도 한다.

편평발 스윙은
아마추어에게는 부적합

프로 골퍼 중에는 편평발로 스윙하는 선수도 있습니다. 그러나 발을 완전히 사용하지 않는 것이 아니라 편평발이어도 하반신을 효율적으로 사용합니다. 여기에는 발목의 유연성이나 다리 움직임을 제한해도 충분히 회전량을 확보할 수 있는 몸의 유연성이 필요합니다. 일반인의 유연성으로는 편평발인 상태에서 다리를 움직이거나 몸을 돌릴 수 없습니다.

물론 편평발 스윙은 볼이 스위트스폿에 맞지 않는 사람에게는 축을 유지하는 감각을 익히는 일정한 효과도 있습니다. 그러나 이를 계속하게 되면 볼을 손의 힘으로 치려고 하거나 비거리가 부족하게 됩니다. 올바른 다리의 동작이 가능하다면 하반신을 움직여도 축이 흔들리지 않습니다. 일단은 다리를 적극적으로 사용하면서 이것이 가능하도록 해봅시다.

 POINT CHECK

다리가 움직이고 골반이 돌고 상반신을 크게 돌린다

목덜미의 받침대가 흐트러지지 않는 범위라면 머리 위치나 방향은 움직여도 괜찮다.
오히려 조금 움직여줌으로써 몸의 회전을 방해하지 않고 부드럽게 움직일 수 있다.

오른쪽 다리를 펴야 백스윙 시 몸을 크게 돌릴 수 있습니다.

왼쪽 다리가 펼쳐지는 움직임으로 팔로우 시에도 부드럽게 회전할 수 있습니다.

다리가 움직여야 회전하기 쉬워지므로 적극적으로 다리를 쓴다는 의식이 중요하다. 무릎을 굽혔다 펴는 움직임과 함께 몸을 돌리면 축을 유지한 채 회전할 수 있으므로 타점도 안정된다.

긴장을 풀 수는 없다. 익숙해질 수밖에

누구나 새벽 첫 티 라운드에 서면 긴장하기 마련입니다. 긴장을 전혀 안 하는 방법은 없습니다. 다른 것을 생각하며 긴장을 풀려고 해도 겨우 10퍼센트 정도밖에 사라지지 않습니다. 그러므로 우선은 긴장한 상태에서 어떤 실수가 나오기 쉬운지 파악해두는 것이 필요합니다.

중요한 것은 긴장과 마주하는 법입니다. 저에게 레슨을 받는 한 사장님은 "프로 골퍼는 그렇게 많은 사람 앞에서도 아무렇지 않게 잘만 치네요. 저는 평소에 칠 때도 너무 긴장해서 몸이 움직이질 않는데 말이죠"라고 말하더군요. 오히려 저 같은 경우는 골프보다 많은 직원 앞에서 말하는 것이 훨씬 더 긴장됩니다. 긴장하는 이유는 그 사람의 정신력이 약하기 때문이 아니라 단순히 '그 자리에 익숙'하지 않아서일 뿐입니다. 따라서 이러한 점에 위축되어 괜히 자신감을 잃을 필요는 없습니다. 긴장한 자신이 잘못됐다고 생각하지 말고 '연습해왔던 것을 할 뿐이다' 하고 긍정적인 마음을 가지세요. 그렇게 하면 불안함이 다소 해소되며 좋은 긴장감으로 변할 것입니다.

제4장

포지션마다
움직임과 자세를 기억하자

'세 가지 토대'를 이해했다면 이를 스윙으로 연결합시다.
이 장에서는 각 포지션별 올바른 움직임과 자세를 상세히
다루고 있으니 자신의 스윙을 동영상으로 촬영해서 비교
하면서 보세요. 개선점이 명확해져서 레벨 업을 효율적으
로 할 수 있습니다.

THE COMPLETE GOLF SWING GUIDE

자세를 잡았을 때 그 샷의
성공 여부가 결정된다

▶CHECK

손은 아래, 머리는 위라는
힘의 팽팽함을
느끼며 어드레스하기

▶CHECK

손의 위치는 양발의
정중앙~살짝 왼쪽

▶CHECK

엄지발가락을 중심으로
다리 뒤쪽 전체로
균형 있게 서기

▶CHECK

클럽은 다리의 정중앙
볼은 살짝 왼쪽 다리 쪽

시계추 움직임을 하기 쉬운
자세 잡기

샷 성공의 절대적인 열쇠를 쥔 것이 어드레스입니다. 우선은 볼을 치는 것보다 올바른 어드레스를 하는 것이 레벨 업의 지름길입니다. 연습장에서는 어드레스를 경시하기 쉬운데 매회 같은 준비 자세가 가능한지 볼 하나하나 유심히 확인하는 것이 매우 중요합니다.

그중에서도 중요한 포인트는 팔을 펴서 자세를 취하는 것입니다. 시계추처럼 스윙할 때, 어드레스에서 목덜미의 받침대와 손이 서로 팽팽하게 당기는 힘을 더하면 예쁜 원 궤도를 그릴 수 있죠. 머리의 위치가 내려가면 팔이 느슨해지므로 턱을 당긴 채 머리를 들어 올리고 손을 쑥 내리면 팔이 펴집니다. 스윙 시 이 감각을 항상 의식한다면 재현성이 높아질 것입니다.

> CHECK
턱을 당겨
머리가 떨어지지 않게 한다.

> CHECK
가슴을 편 상태에서
20~30도 앞으로 숙인다.

> CHECK
손이 축 늘어지게 수직으로
떨어뜨린 지점에서 잡는다.

> CHECK
그립 끝이
배꼽을 향한다.

> CHECK
양발·무릎·허리·어깨의 방향을
목표지점과 평행으로 한다.

그립을 보면
그 사람의 실력을 알 수 있다

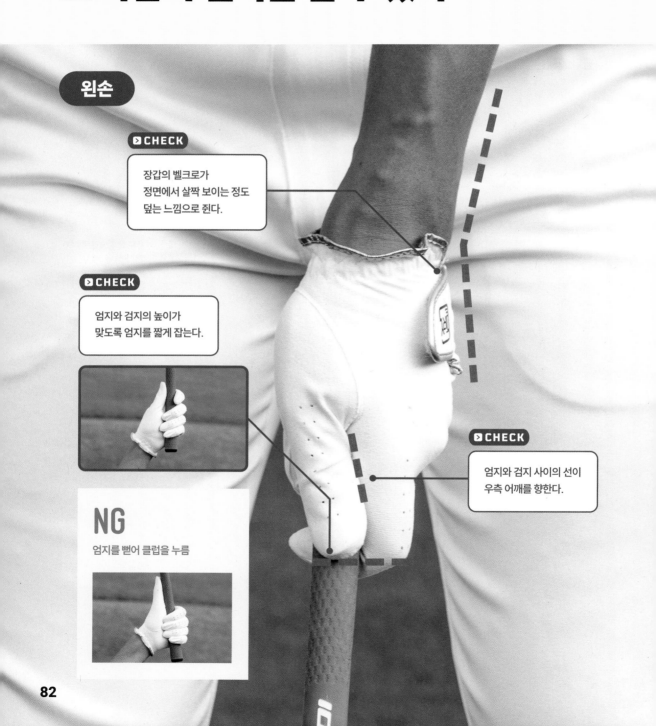

왼손

▶CHECK

장갑의 벨크로가
정면에서 살짝 보이는 정도
덮는 느낌으로 쥔다.

▶CHECK

엄지와 검지의 높이가
맞도록 엄지를 짧게 잡는다.

NG

엄지를 뻗어 클럽을 누름

▶CHECK

엄지와 검지 사이의 선이
우측 어깨를 향한다.

빈틈없이 밀착된
일체감 있는 그립으로

그립은 골퍼와 클럽을 연결하는 유일한 접점입니다. '그립을 보면 실력을 알 수 있다'라고 할 정도로 중요한 포인트입니다. 쥐는 법 하나로 방향성과 비거리가 몰라볼 정도로 좋아지는 경우도 있습니다.

포인트는 빈틈없이 밀착된 그립을 만드는 것입니다. 양손이 함께 엄지와 검지 부분을 꽉 조여서 두 손가락 사이에서 만들어진 선이 모두 우측 어깨를 향하도록 쥡니다. 이렇게 하면 왼손의 엄지를 오른손으로 덮어 감추는 모양이 되어 일체감이 생깁니다. 또한 의외로 놓치기 쉬운 것이 검지와 중지를 떨어뜨리는 '방아쇠'를 만드는 것입니다. 이렇게 쥠으로써 클럽을 컨트롤하기 쉬워지고 방향성과 안정성을 향상시킬 수 있습니다.

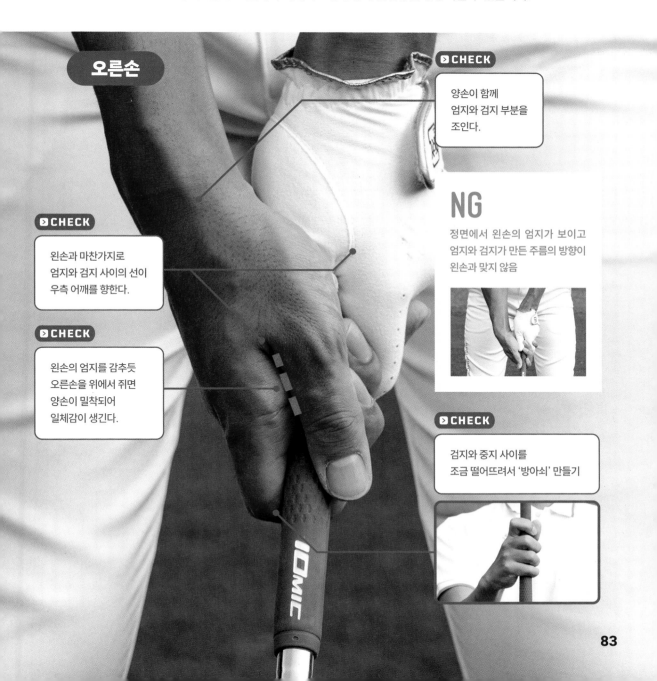

오른손

> CHECK
양손이 함께 엄지와 검지 부분을 조인다.

> CHECK
왼손과 마찬가지로 엄지와 검지 사이의 선이 우측 어깨를 향한다.

> CHECK
왼손의 엄지를 감추듯 오른손을 위에서 쥐면 양손이 밀착되어 일체감이 생긴다.

NG

정면에서 왼손의 엄지가 보이고 엄지와 검지가 만든 주름의 방향이 왼손과 맞지 않음

> CHECK
검지와 중지 사이를 조금 떨어뜨려서 '방아쇠' 만들기

그립 2

그립은 '쥐는 것'이 아니라
'걸쳐놓는다'고 생각하기

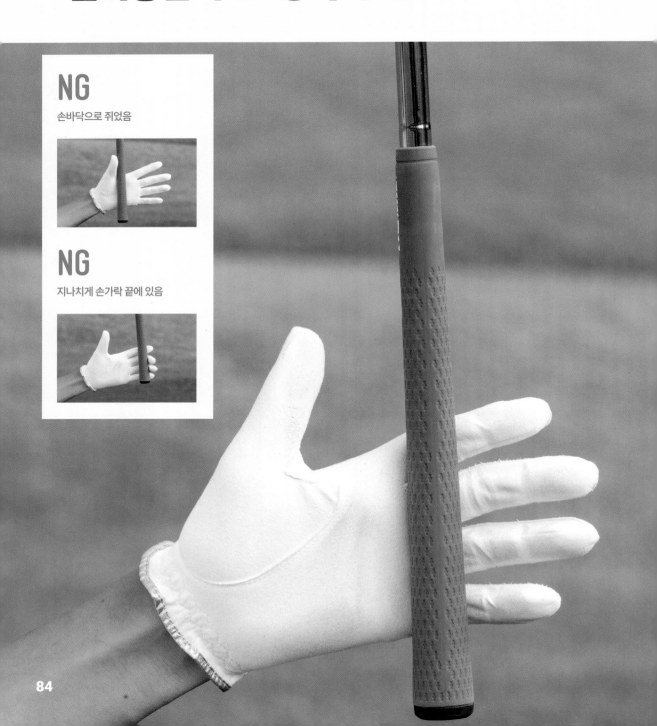

NG
손바닥으로 쥐었음

NG
지나치게 손가락 끝에 있음

클럽헤드의 무게를
느낄 수 있도록 하자

그립을 손가락 부분에 걸치듯 해야 클럽이 안정됩니다. 손바닥을 중심으로 쥐게 되면 그립이 헐렁해져 여분의 힘으로 꽉 쥐게 됩니다. 제1장에서 설명한 바와 같이 시계추의 움직임을 위해서는 클럽헤드의 움직임으로 스윙해야 합니다. 걸치듯 잡으면 클럽헤드의 무게를 느낄 수 있습니다. 반대로 손에 힘을 주면 무게를 느낄 수 없게 됩니다.

또한 탑에서는 손가락 부분에서 백스윙의 기세를 받아들일 필요가 있습니다. 손바닥으로는 이 기세를 다 받아들이지 못해 클럽이 목표보다 오른쪽을 향하는 샤프트 크로스나 오버 스윙 등을 하게 되는데, 이것들은 슬라이스의 원인이 됩니다.

▶ CHECK
지하철 손잡이를 잡듯
클럽을 쥐기

클럽은 손가락 부분으로 걸치듯 잡는다. 지하철에서 손잡이를 잡을 때처럼 손에 들어가는 힘의 정도·모양을 떠올린다. 손바닥으로 잡으면 그립이 헐렁해져서 불필요한 힘이 들어가기 쉽다.

▶ CHECK
왼손의 중지와 새끼손가락 아래
의 통통한 부분만으로 클럽을
들어 올릴 수 있도록 한다

그립이 올바른지를 확인하기 위해서는 클럽을 정면에서 잡고 오른손을 뗀 다음 왼손 중지를 제외한 손가락을 모두 뗀다. 중지와 약지 아래의 통통한 부분(소지구)만으로 걸치듯 지탱하면 합격이다.

테이크백

테이크백에서의 느슨함은
스윙에 치명상

> CHECK

처음 동작에서 왼손이 오른손보다
손 하나 정도 더 내려가게 한다.

> CHECK

테이크백 앞부분은 오른팔도
굽히지 말고 잡았을 때의 형태를 유지한다.

> CHECK

우측에 있는 사람에게 왼손으로 악수하는 듯한
느낌으로 팔을 쭉 편다.

클럽은 절대로
들어 올리지 않도록 한다

테이크백이란 백스윙 초반, 클럽이 허리 높이 정도로 올 때까지의 움직임입니다. 클럽을 올리는 방법으로 고민하는 사람이 많을 텐데, 가장 알아야 하는 포인트는 '들어 올리지 않기'입니다. 손과 팔의 힘으로 클럽을 들어 올리면 팔꿈치가 구부러지기 쉬워져 팔이 느슨해집니다. 그렇게 되면 진자운동이 되지 않아 불안정한 스윙이 되어버리죠.

테이크백은 어드레스의 형태를 유지하고 양팔을 편 상태로 몸의 회전을 통해 올립니다. 이때 팔의 팽팽함을 유지하면서 올리는 것이 중요합니다. 왼손을 오른손보다 손 하나 정도 내리듯 하여 동작을 시작하고, 그대로 왼손으로 오른쪽에 있는 사람과 악수하는 듯한 느낌을 가지면 팔의 느슨함을 방지할 수 있습니다.

▶ CHECK
오른팔을 돌리지 말고
자세 잡은 모양 그대로
몸의 회전을 통해 클럽을 올린다.

NG
오른팔이 돌면 페이스가 열림

▶ CHECK
자세 잡은 모양을 왼팔이 지면과 평행한 위치까지
유지하고 거기서부터 코킹을 한다.

▶ CHECK
페이스가
45도 정도
지면을 향한다.

'겨드랑이 조이기'는 거짓이었다? 큰 탑을 목표로 하자

> CHECK

코킹 각도는
90도가 기준

> CHECK

정면에서 우측의
견갑골이 보일 정도로
확실히 몸을 돌린다.

> CHECK

허리는 45도, 어깨는 90도
돌아 트위스트가 생긴다.

> CHECK

허리가 너무 돌아가지 않게
견딤으로써
오른쪽 골반 쪽에
바지 주름이 생긴다.

볼에서 먼 위치로
클럽을 올리자

테이크백에서 탑으로 향할 때 오른팔 팔꿈치를 의식적으로 굽히려고 할 필요는 없습니다. 양팔을 편 채로 탑까지 올리는 느낌으로 자연스럽게 접히는 것이 좋습니다. 그렇게 하면 볼에서 먼 위치로 클럽이 올라가고 스윙 아크가 커지기 때문에 효율적으로 멀리 보낼 수 있습니다. "겨드랑이를 조여서 올리자"라고 자주 들으실 텐데, 그렇게 되면 몸과 손이 가까워져 옹졸한 탑이 되기 쉽습니다. 겨드랑이가 벌어져 있는지는 신경 쓰지 말고 가능한 한 멀리 올립시다. 다만, 오른팔 팔꿈치가 아래를 향하는 것이 조건입니다. 오른팔 팔꿈치가 위를 향하는 형태가 되면 클럽이 아웃사이드에서 내려와 슬라이스가 나기 쉬우므로 주의해주세요.

▶ CHECK
왼손 손등과 팔은 곧게,
오른손에는 각이 생긴다.

▶ CHECK
팔꿈치가 아래를 향한 채
손을 높이, 겨드랑이는 벌어져도 된다.

NG
팔꿈치가 위를 향해버림

NG
겨드랑이를 조임

▶ CHECK
오른발 뒤꿈치에
체중이 실림

'서두르지 않기', '내려찍지 않기', '힘주지 않기' 3원칙

> **CHECK**
> 내려 들어가는 움직임을 통해
> 클럽이 인사이드에서 내려온다.

> **CHECK**
> 등은 아직 목표 방향을
> 향하기

> **CHECK**
> 하반신을 구부리면서
> 머리 위치가 살짝 내려간다.

> **CHECK**
> 하반신이 먼저 돌고
> 트위스트가 강해진다.

> **CHECK**
> 상반신과 하반신이 분리되고
> 하반신의 회전 스피드가 한 번에 올라간다.

클럽에 기세를 주는 것은
손과 팔의 힘이 아니다

스윙은 시계추와 같으므로 클럽헤드의 무게로 내려치는 것이 기본입니다. 따라서 전환 시 클럽헤드가 내려오는 것을 기다리는 틈이 생깁니다. 서둘러 내리치려고 하면 안 됩니다.

여기에 스피드를 더할 때 손과 팔의 힘에 의지하게 되면 상반신부터 움직이면서 트위스트가 사라집니다. 어깨가 열려 슬라이스가 나기 쉬운 궤도가 되기도 하지요. 올바른 순서로 몸을 움직이면서 클럽에 기세를 주기 위해서는 탑에서 펼쳐진 몸이 줄어드는 반동으로 내리는 것이 중요합니다. 그러면 하반신이 먼저 움직이기 쉽게 됩니다. 그리고 트위스트가 유지돼 힘이 모이게 되며 올바른 궤도로 클럽이 내려옵니다.

▶ CHECK

탑에서 펼쳐진 몸이 고무처럼 반동으로 줄어드는 느낌으로 자연스럽게 클럽을 내린다

전환은 자기 힘으로 클럽을 내려치는 것이 아니라 탑에서 늘어난 몸이 줄어드는 반동과 회전으로 저절로 내려온다는 이미지를 갖도록 하자. 그러면 올바른 순서로 몸이 움직이고 트위스트가 강력해진다.

NG

손이나 팔의 힘으로 클럽을 내려치면 트위스트가 사라진다

자기 힘으로 클럽을 내려찍으면 손과 팔, 상반신이 먼저 움직이고 트위스트가 사라진다. 그렇게 되면 파워가 없어질 뿐만 아니라 클럽이 바깥쪽에서 내려오는 궤도가 되어 슬라이스가 나기 쉽다.

스스로 제어할 수 없는 순간적 움직임 클럽에 맡기기

▶ CHECK

'모았던 힘'을 풀면서 (release) 맞추는데 몸이 먼저 돌기 때문에 핸드퍼스트로 맞는다.

▶ CHECK

임팩트 직전까지 코킹이 유지되어 힘을 모을 수 있다.

▶ CHECK

오른쪽 다리를 안쪽으로 비틀며 허리를 돌린다.

NG 치려는 의식이 강하면 일찍 릴리스 된다

NG 일부러 힘을 모으려고 하지 않기

손목의 시계추를
효율적으로 사용하자

코킹의 각도를 다운스윙까지 유지하고(힘 모으기), 임팩트 직전에 릴리스하여 손목의 각도가 풀어지는 도중에 맞는 것이 이상적입니다. 손목의 시계추를 효율적으로 사용할 수 있는 형태가 되죠. 시계추가 가장 빠른 지점은 최하점인데 스윙에서는 몸의 회전이 더해지기 때문에 팔로우에서 가장 빠른 속도가 되는 것입니다.

단, 임팩트는 순간의 움직임이기 때문에 이것들을 직접 하려고 하면 모인 힘이 풀어지는 타이밍이 안 맞습니다. 릴리스가 빠르면 헤드가 처져 뒤땅을 치기 쉽고, 늦어지면 헤드가 나가지 않습니다. 본인이 인위적으로 하려 하지 말고 클럽에 맡기는 것이 좋습니다. 손목의 시계추가 가속하여 내려와 저절로 맞는 이미지를 그리며 쳐봅시다.

> **CHECK**
>
> 앞으로 숙이는 것은 임팩트까지 유지하기

> **CHECK**
>
> 몸과 손이 가까워진다.

> **CHECK**
>
> 올바른 궤도는 뒤에서 봤을 때 오른팔과 샤프트가 겹친다.

> **CHECK**
>
> 트위스트가 유지되므로 어깨는 볼을 향하고 허리는 목표 방향을 향한다.

팔이 늘어나는 듯한 팽팽한 힘을 느끼자

▶CHECK

받침대와 손(클럽) 사이에 서로 당기는 힘이 발생하면 팔이 펴진다.

▶CHECK

트위스트가 풀어지며 어깨와 허리가 동일한 방향이 된다.

▶CHECK

좌우의 손이 서로 교차되며 팔이 크로스된다.

NG

받침대가 어긋나 서로 당기는 힘이 생기지 않음

왼팔 팔꿈치를 당기는 자세를 막기 위한 요령

임팩트에서 설명한 바와 같이 클럽헤드는 팔로우에서 가장 빠른 속도가 됩니다. 이때 좌우의 손이 교차되고 클럽의 기세로 팔이 펼쳐집니다. 받침대와 손(클럽) 사이에서 팽팽히 당겨짐으로써 시계추의 움직임이 됩니다. 목덜미의 받침대가 어긋나거나 팔이 구부러지면 서로 당기는 힘이 발생하지 않아 재현성이 없어집니다.

아마추어 골퍼가 많이 하는 실수 중 하나가 팔로우에서 왼팔 팔꿈치를 당겨버리는 것입니다. 그러면 바깥쪽에서 클럽이 내려와 인사이드로 휘둘러지는 슬라이스가 나기 쉬운 궤도가 됩니다. 이에 대한 대책은 왼팔 팔꿈치가 아래로 향하도록 왼팔을 반시계 방향으로 돌리며 끝까지 휘두르는 것입니다. 이렇게 하면 왼팔 팔꿈치가 부드럽게 펴집니다.

> CHECK

왼팔을 반시계 방향으로 회전시킴으로써 팔꿈치가 당겨지는 것을 방지한다.

> CHECK

적정한 페이스 턴이 되면 클럽의 토가 위를 향한다.

NG

왼팔 팔꿈치가 당겨져 페이스가 열림

피니시 자세는
스윙의 정답 맞추기다

> CHECK

임팩트 이후 머리를 들어 올려
'머리·몸·다리'가 일직선이 된다.

> CHECK

왼쪽 다리를 끝까지 펴고
왼쪽 다리에 체중을 싣는다.

NG

오른쪽 다리에 체중이 남음

> CHECK

발끝이 지면에 닿는 정도
오른쪽 다리에는 체중이 남지 않는다.

손목이 낮은 피니시는
슬라이스가 나기 쉽다

피니시는 반드시 올바른 형태를 기억해둡시다. 왜냐하면 피니시는 스윙의 종착점이고 백스윙, 다운스윙, 팔로우 스루를 거쳐 도달하는 곳입니다. 목적지가 잘못되면 스윙 궤도도 올바른 길로 가지 않습니다. 따라서 올바른 형태를 상상하며 그것을 목표로 휘두르는 것이 중요합니다. 또한 올바른 스윙을 했는지 정답을 맞춰보는 것이기도 합니다.

반드시 확인해야 할 포인트는 손의 위치입니다. 탑에서 손은 높은 위치에 있기에 좌우대칭으로 피니시에서도 손이 높은 위치에 있으면 클럽이 올바른 궤도를 통합니다. 손목의 위치가 낮아지면 위에서 아래로 휘둘러지는 궤도가 되어 슬라이스가 나기 쉽습니다.

▶ **CHECK**
손은 머리와 같은 높이

▶ **CHECK**
샤프트가 머리를 감싼다.

▶ **CHECK**
왼발 발꿈치에
체중이 실리면
균형 있게 설 수 있다.

▶ **CHECK**
발 안쪽 전체가 보인다.

연속 사진으로 간결하고 아름다운 스윙 이미지를 그려보자

스윙 동작을 동영상으로 촬영하여 견본과 비교해보자

폼에서 벗어나 감각을
키우는 것도 중요하다

스윙 폼을 잘하는 것은 필요합니다. 하지만 자세만 따라 한다고 해서 잘되지 않습니다. 왜냐하면 리듬과 타이밍, 맞는 느낌 등을 향상하기 위해서는 '감각'을 키울 필요가 있기 때문입니다. 골프도 다른 스포츠와 마찬가지로 이론만으로는 안 되는 부분이 있습니다. 예를 들면, 전력 질주를 할 때 세밀한 것은 생각하지 않죠. 그러나 골프의 경우, 여러 가지의 것을 생각하고 싶어집니다. 멀리 보내고 싶을 때는 '모이는 힘을 만들자', '백스윙을 높이 올리자' 등 너무 여러 가지를 생각하다가 형태가 목적이 되어버리면 빨리 휘두르지 못하죠.

폼만 좋아지면 골프가 레벨 업 될 것이라고 생각하는 이가 많습니다. 하지만 가끔은 머리를 비우고 전력을 다해 휘두르거나, 그저 10야드 거리를 치거나, 리듬만 의식해보는 등 감각을 갈고닦는 연습도 필요합니다. 결과적으로 몸이 부드럽게 움직이게 되어 나중에 보면 자세가 좋아지는 경우도 있습니다. 따라서 '형태'와 '감각'을 균형 있게 반영하여 연습하는 것이 중요합니다.

제5장

클럽별
타법의 차이를 알자

기본적으로는 긴 클럽일수록 진자운동, 회전, 다리 움직임을 크게 합니다. 따라서 사용법이 클럽마다 조금씩 다릅니다. 그러한 점에서 클럽마다 다른 포인트와 타법, 더불어 라운딩에서도 사용할 수 있는 실전 테크닉도 설명해보겠습니다.

THE COMPLETE GOLF SWING GUIDE

'지면과 공중', 공의 장소에 맞춰 자세 바꾸기

POINT
드라이버의 어드레스 체크포인트

☑ 상반신을 조금 우측으로 기울이기
☑ 볼 위치는 살짝 왼쪽 발꿈치 안쪽으로
☑ 손은 볼보다 앞으로 나오지 않기

POINT
올라갈 때 칠 수 있는 자세 만들기

티업한 볼은 공중에 있고 클럽헤드가 가장 낮은 위치를 통과한 후, 올라갈 때 볼을 쳐야 합니다. 상반신을 조금 우측으로 기울이고 그 기울임을 유지하며 스윙 중에 바꾸지 않도록 합니다.

NG
우측 어깨가 앞으로 나온 자세로는 어퍼블로우로 칠 수 없다

올라갈 때 맞추기 위해서는 볼 위치가 가운데보다 왼쪽에 위치한다. 그러나 이 볼을 지나치게 의식하면 오른쪽 어깨가 앞으로 나와 위에서 치는 자세가 되어버린다.

아이언과 드라이버에서
명확히 구분해야 하는 것

아이언은 지면에 있는 볼을 치는 반면, 드라이버는 티업된 공중에 있는 볼을 칩니다. 그러므로 클럽헤드가 가장 낮은 지점을 통과한 후 올라갈 때 맞아야 합니다. 그렇게 하기 위해서는 볼을 정중앙보다 왼쪽에 두고 어드레스로 상반신을 조금 우측으로 기울이며 손이 볼보다 앞으로 나가지 않도록 해야 합니다.

이렇게 자세를 취한 후 스윙 중 몸의 기울기를 유지한 채 쳐야 클럽이 가장 자연스럽게 올라가면서 볼에 맞습니다. 드라이버와 아이언에서 임팩트의 이미지는 명확히 다릅니다. '아이언은 잘 치는데 드라이버가 어렵다', 또는 그 반대인 사람은 준비 자세와 볼의 타법을 확실히 구분한다면 클럽에 맞는 스윙이 가능합니다.

POINT
아이언은 지면의 볼을
내려갈 때 맞힌다

지면에 있는 볼을 때릴 때는 클럽헤드가 가장 낮은 지점에 도달하기 직전, 하강을 계속하는 도중에 볼을 맞히면 '나이스 샷'이 되기 쉽다. 따라서 지면과 몸이 수직이 되게 한다.

드라이버는 공중에 볼이 있으므로 올라갈 때 맞는다.

긴장될수록 두려워하지 말고 크게 휘두르자

POINT
가능한 한 큰 스윙 아크를 떠올리자

목덜미의 받침대 위치를 유지하고 거기서부터 가능한 한 멀리 휘두른다고 생각하자. 몸을 확실히 돌리는 것으로 이어지기 때문에 올바른 궤도를 만들기 쉽고 슬라이스도 방지된다.

드라이버는
크게 휘두를수록 휘지 않는다

이른 아침이나 좁은 홀에서의 티샷은 누구나 긴장합니다. 그 래서 안 맞는 느낌이 강하게 들고 움츠러드는 스윙이 되기 쉽습니다. 평상시 리듬과 달라지거나 손이나 팔로 컨트롤하려고 하면 시계추의 움직임이 되지 않아 오히려 휘게 됩니다.

그러므로 긴장한 상황에서 크게 크게 휘두른다고 생각하면 몸을 사용한 올바른 스윙을 할 수 있습니다. 주의할 점은 받침대의 위치를 유지하는 것입니다. 크게 휘두르려고 하다가 좌우로 축이 흔들리면 불안정해질 뿐만 아니라 몸과 손의 거리가 가까워져 스윙 아크가 작아집니다. 그 결과, 열심히 휘둘러도 볼이 안 나가는 스윙이 되어버립니다.

NG
움츠러든 스윙은
방향성이 나빠진다

볼이 안 맞는 느낌이 강해지면 손과 팔 힘에 의존한 스윙을 하기 쉽습니다. 리듬이 나빠져 팔이 느슨해지고 재현성이 낮은 스윙이 됩니다.

14개의 클럽 중 쥐는 힘을 가장 약하게 하기

POINT

팔로우에서 오른손을 뗀 정도의 그립 압력

힘이 들어가 손목이 딱딱해지면 헤드가 나가지 않아 효율이 나쁜 스윙이 된다. 주로 쓰는 손인 오른손에 힘이 들어가는 사람이 많으므로 팔로우에서 오른손을 떼는 연습을 하면 최적의 쥐는 힘을 알 수 있다.

실제로 오른손을 떼면 비거리가 훨씬 늘어나는 사람도 있습니다.

클럽을 살짝 쥐고
손목을 많이 사용해서 치기

드라이버는 헤드 스피드가 가장 필요한 클럽입니다. 이 때문에 14개의 클럽 중 손목의 시계추를 가장 크게 사용해야 합니다. 손목을 자유롭게 움직일수록 이 시계추가 커지기 때문에 클럽을 쥐는 힘을 약하게 해야 합니다. 반대로 어프로치 등 볼을 멀리 날릴 필요가 없는 경우에는 팔의 시계추만으로 치기 때문에 비교적 강하게 쥡니다.

프로 골퍼나 상급자를 보면 팔로우에서 손을 뗐음에도 나이스 샷을 할 때가 꽤 있습니다. 그만큼 손에 힘이 들어가 있지 않은 것입니다. 손에 힘이 너무 들어가는 사람은 이처럼 일부러 팔로우에서 오른손을 떼는 연습을 해봅시다. 그러면 어느 정도의 힘으로 클럽을 쥐면 좋을지 알 수 있습니다.

POINT
치기 전 빈 스윙으로 헤드 무게를 느끼며
손목을 부드럽게 사용하려고 의식하기

1 작은 진자운동으로
헤드 무게를 느끼기

치기 전에 하는 빈 스윙으로 클럽헤드의 움직임을 느끼는 것이 중요하다. 드라이버는 헤드가 가벼워 그 무게를 느끼기 어려우니 우선은 작은 진자운동으로 천천히 빈 스윙을 하여 확인해보자.

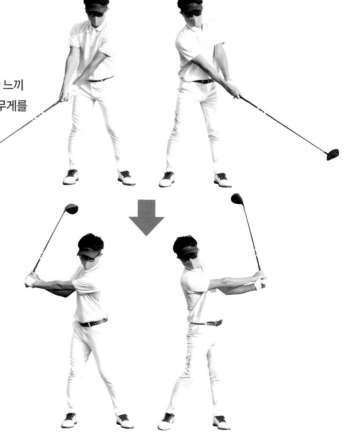

2 손목을 많이 사용해서
헤드를 나가게 하기

클럽헤드의 무게를 느꼈다면 그대로 몸을 회전하며 휘두르는 폭을 크게 하자. 헤드 무게에 끌려가 손목이 움직이고 헤드가 쉭 나가는 것 같은 감각이다.

뒤땅 미스만 없애면
겁먹는 것은 극복할 수 있다

뒤땅을 하지 않는
것이 중요
탑핑은 괜찮습니다!

POINT
오른발에 체중이 남지 않도록
확실히 체중을 이동한다

오른발에 체중이 남으면 밑에서 위로 퍼내는 듯한 타법이 되어 뒤땅이 나기 쉽다. 공을 올리려고 하지 말고 하반신을 확실히 움직여 체중을 왼발로 온전히 이동시켜 쳐야 한다.

뒤땅을 치는 미스 샷을 확실히
없애려고 의식하기

페어웨이 우드는 뒤땅만 치지 않으면 어렵지 않습니다. 거리를 늘리고 싶을 때 쓰는 클럽이므로 탑핑을 해도 전혀 문제가 되지 않습니다. 그리고 '탑핑해도 괜찮아'라고 생각하면 압박감도 줄어듭니다. 또한 실수했을 때 어떤 볼이 나갈지 예측하기 쉬우므로 관리하기도 쉽습니다.

"알지만 뒤땅을 치곤 한다"라는 이야기를 들을 때가 있는데, 우선은 과장된 이미지를 떠올려봅시다. 볼이 아니라 클럽의 솔(sole)이 미끄러지듯 치는 것입니다. 페어웨이 우드의 솔은 두꺼워서 지면을 미끄러지듯 움직입니다. 하지만 볼의 바로 앞에서 미끄러지는 것이 아니라 볼보다 앞을 의식해야 확실히 뒤땅을 없앨 수 있습니다.

POINT
볼의 앞쪽을
브러시하는 이미지로
솔이 부드럽게 빠져나가게 하기

볼은 지면에 있기 때문에 드라이버와는 다르게 클럽헤드의 가장 낮은 지점 바로 앞에서 임팩트를 해야 합니다. 또한 거리를 늘리고자 하는 클럽이기에 볼의 머리를 때리는 탑핑을 해도 큰 미스 샷은 되지 않습니다. 볼의 앞에서 솔이 부드럽게 빠져나가는 이미지를 떠올리면 완만한 입사각으로 내려올 때 치기 때문에 뒤땅이 나는 일이 줄어듭니다.

5번 아이언의 퀄리티가
스윙의 완성도를 좌우한다

손목을
부드럽게 사용해서
칩시다.

지면에서 치는 클럽 중
가장 볼이 뜨기 어렵다

최근에 나오는 클럽은 로프트가 세워진 설계가 많아서 5번 아이언뿐만 아니라 경우에 따라 6번과 7번에서도 볼이 뜨기 어렵게 되어 있습니다. 이와 같은 미들 아이언으로 볼을 올리기 위해서는 헤드 스피드가 필요합니다. 이 때문에 낮은 번호의 아이언과 동일한 힘을 주면서 손목을 많이 사용해 헤드가 나가도록 해야 합니다.

손목의 시계추는 긴 클럽일수록 단계적으로 크게 사용하고 있습니다. 지면에서 치는 클럽 중에서 5번 아이언이 볼을 올리는 게 가장 어려워서 난이도도 제일 높습니다. 따라서 5번 아이언을 적극적으로 연습해서 잘 칠 수 있게 되면 골프의 레벨 업에 가까워질 것입니다.

POINT
손목보다 헤드를
앞서가게 하는 이미지

낮은 번호의 아이언보다도 손목을 많이 사용해서 헤드를 나가게 한다. 임팩트 때는 손목보다 헤드를 살짝만 앞서 나가게 하는 생각을 가지면 볼이 올라가기 쉽다.

NG
깊이 파고들거나,
깊이 박아 넣지 말기

5번 아이언은 기본적으로 볼이 뜨기 어려운 클럽이기 때문에 위에서 세게 내리치는 타법은 하지 않는다. 몸이 왼쪽으로 끌려가지 않도록 축을 유지하는 느낌을 갖자.

손목의 움직임을 줄이고
철저히 컨트롤 샷 하기

피니시를
콤팩트하게
합시다.

쇼트 아이언으로
풀 스윙하는 것은 절대 금지

쇼트 아이언은 미들 아이언과는 달리 로프트 각도가 크기 때문에 헤드를 나가게 하지 않아도 볼이 제대로 뜹니다. 그래서 손목의 움직임을 억제하고 하나의 시계추를 주체로 칩니다. 다만, 짧은 어프로치나 퍼터와 달리 손목을 완전히 사용하지 않는 것은 아닙니다. 조금만 사용하는 느낌이죠.

또한 긴 클럽의 경우 탑 주변에서 클럽의 원심력으로 몸의 회전량에 대해 팔의 운동량이 아주 조금 커지는데, 쇼트 아이언은 몸의 회전량과 팔의 운동량을 동일하게 합니다. 항시 손목이 가슴 앞에 있는 느낌으로 너무 휘두르지 않도록 하세요. 볼을 멀리 날려 보내는 클럽이 아니라 원하는 곳으로 타깃팅을 하는 클럽이므로 콤팩트하게 휘두릅시다.

POINT
팔과 손목을 너무 사용하지 말고
몸의 회전과 함께 콤팩트하게 휘두른다

NG
몸이 돌지 않음

NG
너무 휘둘러버림

몸이 돌지 않고 팔만 움직이면 재현성이 없는 스윙이 된다. 또한 긴 클럽처럼 손목을 많이 사용해서 헤드가 나가면 구질이 안정되지 않아서 거리가 일정하지 않다.

100야드 이내는 진자운동의 폭을 컨트롤하며 구분해서 치기

POINT
50야드 이상은 조금씩 다리 간격을 벌린다

다리의 폭을 좁게 하면 허리의 가능 영역이 좁아지고 몸의 회전을 억제할 수 있다. 50야드 미만은 다리 간격을 좁게, 50야드 이상은 다리 간격을 넓혀서 몸의 회전량을 컨트롤하자.

30 야드

11 12 1
10 2
9 3
8 4
7 5

POINT
시계를 떠올리며 좌우대칭의 진자운동으로 치기

100야드 이내의 거리는 휘두르는 폭으로 조절하며 친다. 시계를 떠올리면 진자운동의 폭을 정하기 쉽다. 그 거리를 보낼 수 있는 가장 작은 폭으로 쳐야 느슨해지지 않고서 확실히 칠 수 있다.

작은 폭으로
치는 것에 익숙해지자

풀 샷을 할 수 없는 미묘한 거리를 '그저 감으로' 구분하며 쳐서는 안 됩니다. 감각에 의존하면 리듬이 바뀌거나 힘을 주게 됩니다. 폭을 결정해두고 시계추의 움직임으로 치는 것이 중요합니다. 포인트는 그 거리를 보낼 수 있는 가장 작은 진자운동의 폭으로 하는 것입니다. 크게 휘둘러 짧은 거리를 보내고자 하면 느슨해지기 쉽고 큰 실수를 초래하게 됩니다. 아래의 시계는 56도 웨지를 사용했을 때의 진자운동의 폭과 거리 기준입니다. 일반 성인 남성이라면 누구든 똑같이 칠 수 있을 것입니다. 이 폭이 작게 느껴지면 평소 백스윙을 너무 올리고 있는 것입니다. 또한 기본적으로 손목은 사용하지 않고 몸의 회전만으로 칩니다(50야드 이상은 손목을 조금만 사용합니다). 50야드 미만의 짧은 거리에서는 다리 간격을 좁혀 몸의 회전량을 억제하면 치기 쉬워집니다.

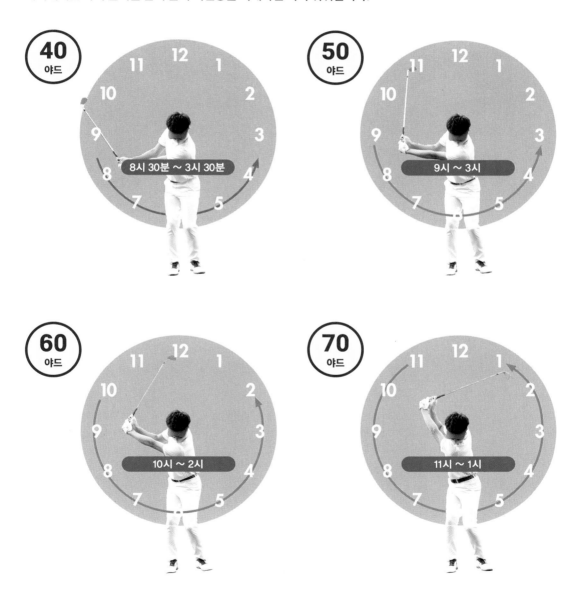

117

그린 주변의 어프로치는 작게 휘두를 수 있는 자세를 잡는다

POINT
그린 주변의 어프로치 자세

- ☑ 짧게 잡기
- ☑ 다리를 가지런히
- ☑ 살짝 오픈스탠스
- ☑ 가까이 서기
- ☑ 자세를 작게 취하기

POINT
클럽과 몸의 거리를 가까이

짧게 잡고 클럽과 몸을 가까이함으로써 시계추의 궤도가 세로가 되고 임팩트 존에서 클럽헤드를 직선으로 움직일 수 있다. 방향성이 좋아져 타깃 쪽으로 치기 쉽다.

작게 휘두르려면
자세를 작게 잡아야 한다

그린 주변의 짧은 거리 어프로치는 자세를 작게 잡아서 너무 멀리 나가는 것을 막습니다. 다리를 가지런히 하고 클럽을 짧게 잡으며 클럽과 몸을 가까이합니다. 페이스는 목표지점을 향하게 한 채로 발뒤꿈치를 축으로 다리를 조금 열면 휘두르기 쉬워집니다. 이때 손이 볼보다 앞에 나오고 볼 위치가 오른쪽 다리의 바깥쪽이 됩니다. 이 형태를 유지하고 손목을 사용하지 말고 칩시다.

볼을 올리려고 하면 미스로 이어지기 쉬우므로 잔디가 살짝만 깎여 나가는 느낌 정도로 칩니다. 그래도 로프트가 있는 만큼 부드러운 볼을 칠 수 있습니다. 여러 가지 타법을 하는 것이 아니라 자신 있게 칠 수 있는 어프로치 샷을 한 가지 마스터하는 것이 스코어에 도움이 됩니다.

POINT
왼발 뒤꿈치를 축으로
다리를 오픈한다

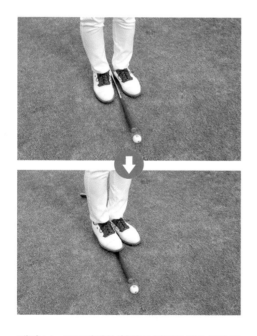

NG | 볼 위치가 왼발 쪽에 있음

페이스는 목표지점을 향하고 발뒤꿈치를 축으로 다리만 살짝 오픈한다. 그럼 손목과 몸의 거리가 가까워도 클럽이 지나가는 길이 생겨 휘두르기가 쉬워진다.

클럽 선택에 따라
굴릴 것인지 멈출 것인지 구분해 친다

큰 실수가 되지 않는
클럽 선택이
중요합니다.

굴리는 어프로치는
리스크가 적다

어프로치는 타법을 바꾸는 것이 아니라 클럽에 따라 구질을 나눠서 치는 것이 실수를 줄이고 심플하게 칠 수 있습니다. 낮게 볼을 굴리고 싶을 때는 피칭 웨지, 볼을 올려 멈추게 하고 싶을 때는 샌드 웨지를 선택합시다. 하지만 샌드 웨지는 중심을 잃었을 때 큰 실수가 나기 쉬우므로 가능한 한 피칭 웨지로 굴리는 것이 리스크를 줄일 수 있습니다.

그러나 피칭 웨지를 쓸 수 있는 상황은 한정되어 있는데, 벙커 탈출이나 깊은 러프는 사용할 수 없습니다. 따라서 제외할 곳을 생각하는 코스 매니지먼트도 중요합니다. 그리고 이러한 곳으로 볼이 갔을 때 사용할 수 있는 샌드 웨지를 연습해두어야 합니다.

POINT
각각의 클럽이 적합한 상황

피칭 웨지
- ☑ 에지에서 핀까지 거리가 있을 때
- ☑ 디봇에 볼이 있을 때
- ☑ 겨울 등 잔디가 적고 지면이 딱딱할 때

샌드 웨지
- ☑ 에지에서 핀까지 가까울 때
- ☑ 그린 바로 앞에 벙커가 있을 때
- ☑ 러프에 볼이 박혔을 때
- ☑ 그린이 내려가는 경사에 있을 때

POINT
피칭 웨지와 샌드 웨지의 특징

피칭 웨지
- ☑ 낮게 치면 굴러가기 쉽다
- ☑ 미스 샷에 강하다
- ☑ 깊은 러프에서는 치기 어렵다

샌드 웨지
- ☑ 올리기 쉽다
- ☑ 스핀이 걸리기 쉽고 멈추기 쉽다
- ☑ 중심을 벗어나면 큰 미스가 되기 쉽다
- ☑ 맞는 각도에 따라 거리가 바뀌기 쉽다

POINT
클럽은 바뀌어도 타법은 모두 공통

치는 클럽이 바뀌어도 타법은 바뀌지 않는다. 다만, 피칭 웨지와 샌드 웨지의 경우 진자운동의 폭에 대한 비거리가 다르기 때문에 각각의 거리감을 파악해두는 것이 중요하다.

'손목만' 사용한다고 생각하면 벙커는 매우 쉬워진다

POINT

시계추의 폭은 치고 싶은 거리의 두세 배

벙커 샷은 볼이 아니라 모래를 친다. 그 저항의 영향을 받지 않도록 치고 싶은 거리의 두세 배 정도로 휘두르는 폭을 크게 한다. 딱딱한 모래라면 두 배, 부드러운 모래라면 세 배를 기준으로 한다.

NG

손목을 고정하고 침

손목을 쓰지 않고 치면 헤드가 나가지 않아 모래의 저항에 방해를 받기 쉽다. 그러나 모래가 거의 없고 지면이 매우 딱딱할 때는 어프로치와 마찬가지로 깔끔히 볼을 치는 것도 방법이다.

벙커 샷은
회전이 아닌 손목이 주역

벙커에서는 클럽헤드가 빠르게 나가도록 손목의 시계추를 주체로 칩니다. 일반적인 샷에서는 왼팔이 지면과 평행이 되는 포지션까지 손목은 굽히지 않는데, 벙커 샷의 경우는 잡은 자세에서 손목을 사용하면서 클럽을 올립니다. 이렇게 하면 코킹의 각도가 커지고 손목을 최대한 사용할 수 있습니다. 그리고 임팩트 타이밍에 맞도록 코킹을 조금 빨리 푸는 것도 중요합니다.

평소에는 회전량을 크게 하여 헤드 스피드를 올리지만 벙커 샷의 경우는 손목의 움직임이 주역이 됩니다. 이 때문에 손목만 사용해서 치는 감각이 정답이라 할 수 있습니다. 그러나 몸을 완전히 멈추면 충분한 스피드를 얻을 수 없으므로 손목의 움직임과 함께 몸도 돌려서 치도록 합시다.

볼이 아니라
모래를 퍼내는 양을 의식하기

POINT
허리를 낮추고
볼의 조금 앞쪽으로
자세 잡기

볼의 조금 앞으로 자세를 잡고 거기에 클럽헤드를 떨어뜨린다. 다리를 벌리고 허리를 낮춰 자세를 묵직이 잡음으로써 체중 이동을 억제하며 모래를 확실히 때리는 어드레스를 할 수 있다.

클럽을 놓는 위치는 대략적이어도 된다. 타점보다 '모래를 얼마큼 퍼낼지' 생각하자.

모래를 퍼내는 양으로
비거리를 컨트롤하자

벙커 샷은 볼을 때리는 것이 아니라 바로 앞의 모래를 때리는 것입니다. 따라서 타점보다도 모래를 퍼내는 양에 집중해야 잘 치게 됩니다. 모래를 퍼내는 양이 일정하다면 비거리는 안정되고 그 양을 컨트롤할 수 있다면 거리감을 맞추는 것이 편해질 것입니다. 퍼내는 모래양이 적을수록 볼이 뜨고, 많을수록 뜨지 않습니다. 연습을 통해 모래의 양에 대한 비거리를 확인해두는 것이 중요합니다.

타점은 자세를 잡을 때 바로 앞 모래를 확실히 때리는 형태를 만듭시다. 볼의 바로 앞에 클럽을 세팅하고 다리를 벌리고 허리를 낮춰 자세를 잡으세요. 평상시의 샷과 다르게 모래 너머로 볼을 보내기 때문에 바로 앞의 모래를 때릴 수만 있다면 타점이 다소 흔들려도 문제 되지 않습니다.

POINT
선 하나를 긋고
그것보다 조금 앞을
때리는 연습

벙커에 긴 선을 긋고 거기에 볼이 있다고 가정하고 친다. 약 10센티미터 앞을 치면 합격이다. 타점보다도 모래의 양이 중요하며 그 양이 매번 균일하지 않다면 비거리가 안정되지 않는다. 퍼낸 모래의 양이 적으면 너무 날아가는 탑핑이 되기 쉽고, 모래 양이 많으면 저항의 영향을 받아 뒤땅이 되거나 짧아지기 쉽다.

볼을 때리는 것보다 효율적으로 잘 칠 수 있습니다.

정확한 퍼팅을 위한 기본자세

POINT
퍼터의 어드레스 체크포인트

- ☑ 볼 위치는 왼쪽 눈 바로 아래
- ☑ 왼팔과 샤프트가 일직선이 된다
- ☑ 발끝을 가지런히 하기
- ☑ 허리를 앞으로 숙여 자세 작게 잡기
- ☑ 샤프트와 지면이 수직이 된다
- ☑ 솔 전체가 지면과 접하기

NG
샤프트가 지면과 수직이 되지 않음

손목이 오른발 앞과 왼발 앞에 있으면 샤프트가 기울어져 볼을 칠 때 구르는 것이 일정하지 않아 거리감이 잘 나오지 않는다. 손목은 양발의 중앙에, 샤프트는 지면과 수직이 되도록 자세를 잡자.

볼의 위치를 기준으로 하면
매번 같은 자세가 가능하다

먼저 자신의 자세를 체크할 때 앞에서 봐도, 옆에서 봐도 왼쪽 눈 바로 아래에 볼이 있는 것이 중요합니다. 볼이 조금 왼쪽에 있기 때문에 퍼터의 페이스 면이 다리의 정중앙에 있게 됩니다. 그리고 볼을 바로 위에서 내려다보기 때문에 볼과 자신의 거리가 샷을 할 때보다 꽤 가깝습니다. 가까이 서면 퍼터 헤드를 직선으로 움직일 수 있으므로 방향성이 안정됩니다.

또한 하반신은 무릎을 가볍게 굽히고 허리를 앞으로 숙인 다음 다리 간격은 어깨너비로 합니다. 이때 허벅지의 뒤쪽이 늘어나는 느낌이 든다면 좋습니다. 샷을 할 때는 발끝을 '팔(八)' 자로 조금 열어서 허리를 돌리기 쉽게 하는 것이 기본이지만, 다리의 움직임을 쓰지 않는 퍼팅의 경우 발끝을 가지런히 합니다.

NG
아래팔(前腕)과 샤프트가 일직선이
아니라 솔의 일부가 떠 있음

팔꿈치를 가볍게 구부리고 팔꿈치에서 아래팔과 샤프트가 일직선이 되도록 한다. 손의 위치가 너무 낮아지면 클럽의 토가, 너무 높으면 힐 쪽이 뜬다. 솔 전체가 지면에 닿도록 하자.

'부엌칼을 쥐는 정도의 힘'이 가장 이상적이다

손목은 고정하면서도 부드럽게 움직일 수 있는 정도의 힘

손목을 사용해서 헤드를 나가게 할 필요가 있는 클럽은 약하게, 손목을 고정하고 치는 클럽은 그립을 세게 쥡니다. 즉 퍼터는 모든 클럽 중에서 가장 세게 쥐어야 하죠. 다만 너무 세게 쥐면 퍼터 헤드의 무게를 느끼지 못하고 어색한 움직임이 됩니다. 확실히 쥐면서도 부드러운 움직임이 필요하므로 부엌칼을 사용할 때처럼 손목은 고정하면서도 힘을 너무 주지 않는 정도가 가장 적합합니다.

또한 스트로크 시 그 힘을 바꾸지 않는 것도 중요합니다. 다른 클럽은 어드레스에서 약하게 쥐어도 임팩트에서는 자연스럽게 힘이 들어갑니다. 그러나 퍼터는 임팩트 시에도 힘을 주는 정도를 바꾸면 안 됩니다.

14개 클럽 중 유일하게 세게 쥐어도 좋은 클럽입니다.

POINT

역(逆)오버래핑

다른 클럽의 그립과는 쥐는 법을 다르게 하기

일반적인 샷에 사용되는 그립은 손목이 움직이기 쉬운 형태로 되어 있다. 이 때문에 퍼팅에서는 손목을 고정하기 쉬운 그립으로 바꾸는 것이 좋다. 왼손의 검지를 오른손 새끼손가락에 올려놓는 '역오버래핑'이 표준인데, 이외에도 다양한 그립법이 있으니 와닿는 그립을 발견할 때까지 여러 가지를 시도해보자.

POINT

열 손가락을 밀착시켜 빈틈없이 쥐기

퍼터는 그립이 느슨하면 방향성도 거리감도 불안정해진다. 열 손가락이 하나가 되듯 빈틈없이 확실히 쥔다. 그러면 스트로크 시에도 힘을 일정히 하기 쉽다.

POINT

그립의 평평한 면에 엄지손가락을 가지런히 하여 쥔다

퍼터의 그립에는 평평한 면이 있는데 거기에 엄지손가락을 똑바로 가지런히 올려놓는다. 엄지손가락 방향이 가지런하지 않으면 스트로크 중에 페이스 방향이 바뀌기 쉽다.

'거리감', '방향성', '런'을 좋게 하는 퍼터의 타법

손목을 사용해서 치면 안 됨

포워드 프레스에 도전해보자

퍼터에서 가장 많이 하는 미스가 손목을 사용하는 것입니다. 손목이 꺾이면 방향성과 거리감이 불안정해집니다. 손목을 고정하고 퍼터 헤드의 움직임을 안정시키는 것이 중요합니다.

시작할 때 손목을 살짝 목표 방향으로 움직이는 포워드 프레스를 하면 부드럽게 테이크백 하는 게 쉬워집니다. 또한 퍼터의 로프트가 조금 세워져 볼의 런도 좋아집니다. 다만 손이 앞으로 너무 나가면 안 됩니다. 자세를 잡았을 때는 보였던 페이스 면이 안 보이게 되는 정도까지만 손목을 움직이는 것이 기준입니다.

손목을 사용하면 퍼터 헤드가 나가버리기 때문에 오버가 되면서 방향성도 불안정하다. 퍼팅 중에는 손목이 꺾이지 않도록 확실히 고정하는 것이 중요하다.

POINT

가슴에서 수직으로 난 퍼터를 상반신 회전으로 치는 느낌

퍼터는 하반신의 움직임을 사용하지 않고 상반신의 회전 (팔에서 클럽까지를 막대 모양으로 한 하나의 시계추)만으로 친다. 가슴에 그립 끝을 대고 회전으로 클럽을 움직이는 감각을 익히자.

POINT

첫 동작에서 손을 조금만 목표 방향으로 움직이는 포워드 프레스를 하는 장점

일반적인 퍼터에는 3도 정도의 로프트가 있는데 이것을 0도로 맞추면 최적의 런을 할 수 있다. 또한 부드럽게 테이크백을 하기 쉬워지는 효과도 있다.

POINT

완만한 인투인 궤도 그리기

퍼터는 다른 클럽에 비해 직선에 가까운 궤도가 되지만 완전히 올곧게 움직이려고 하면 몸의 움직임이 자연스럽지 못하다. 살짝 인투인이 되는 것이 올바른 궤도다.

전날 연습은 워밍업이라고
생각하고 편하게 하기

'라운딩 전날에는 연습하지 않는다'라는 사람도 있는데 결론부터 말하자면 하는 것이 좋습니다. 다만 주의해야 할 점이 있습니다. '실전에서 좋은 볼을 치고 싶다', '휘지 않았으면 좋겠다' 하는 마음에 무의식적으로 힘을 주거나, 몸을 멈춰놓고 치거나, 평소와 같은 스윙이 안 되는 현상이 일어나기 쉽습니다. 전날 연습을 하는 목적은 좋은 볼을 쳐서 안심하기 위한 것이 아니라 워밍업입니다. 따라서 다소 휘거나 잘 안 맞아도 신경 쓰지 않는 것이 중요합니다. 어디까지나 몸의 긴장을 푸는 것이 목적이지 너무 쳐서 근육에 피로가 쌓이거나 컨디션이 안 좋아진다면 주객전도겠죠.

전날이나 스타트하기 전 아침 연습 때는 굉장히 좋았는데 라운딩이 시작되니 너무 못했다는 이야기도 흔한 일입니다. 또한 새로운 클럽을 산 날도 같은 현상이 일어나기 쉽습니다. 즉 평소보다 의욕이 강한 날은 몸의 움직임도 바뀌기 쉽다는 것을 기억해둡시다.

제6장

반드시 해야 하는 목적별 반복 연습

올바른 형태를 머리로는 이해한다 해도 몸을 그대로 움직이는 것은 간단하지 않습니다. 따라서 반복 연습을 통해 몸이 움직임을 기억하도록 할 필요가 있습니다. '진자운동', '회전', '다리의 움직임' 각각을 체득하기 위한 효과적인 반복 연습을 엄선하였으니 자신의 약한 부분에 맞춰 연습합시다.

THE COMPLETE GOLF SWING GUIDE

2야드 어프로치

- ☑ **방법**: 자신이 더하는 힘은 제로이고 헤드 무게만으로 휘두르기
- ☑ **대상**: 어프로치를 못하는 사람, 힘이 너무 들어가는 사람
- ☑ **효과**: 헤드 무게를 느낄 수 있음, 클럽에 맡긴 채로 치는 감각을 알 수 있음

웨지로 어프로치를 하는 것으로 2야드 거리를 친다.
클럽헤드의 무게만으로 휘두르는 것이 중요하다. 짧은
거리이기 때문에 자기도 모르게 손끝으로 치려고 하면
볼이 너무 나가거나 타점이 불안정하게 된다.

진자운동의 폭은
7~5시 사이로,
무리해서
작게 하지 마세요.

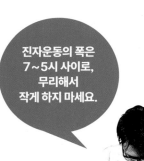

손에 힘을 빼고
클럽헤드의 무게로 휘두르기

이것의 목적은 클럽헤드의 무게를 이용해 치는 감각을 체득하기 위한 것입니다. 평소 손이나 팔의 힘으로 치는 사람에게는 긴 거리를 치는 것보다 이 짧은 2야드를 치는 것을 어렵게 느낄 수 있습니다. 진자운동의 폭은 허벅지의 바깥쪽 (7~5시) 정도입니다. 여기에 자신의 힘을 더하면 너무 나가버리므로 온전히 클럽헤드의 무게만으로 쳐야 합니다. '치는' 것보다 클럽헤드를 '떨어뜨리는' 감각에 가깝습니다. 따라서 클럽헤드의 무게를 느낄 필요가 있고 이를 위해서는 손에 힘을 뺄 필요가 있습니다. 손에 힘이 들어가면 어프로치에서 뒤땅이나 탑핑 등의 실수가 나오기 쉽습니다. 클럽에 맡기면 짧은 거리에서의 실수가 줄어듭니다.

POINT

클럽을 반대로 잡고 휘두르면
헤드 무게를 더욱 잘 느낄 수 있다

클럽을 반대로 잡고 그립의 무게를 느끼며 흔들기 위해서는 손의 힘을 거의 0으로 해야 한다. 손에 힘이 너무 들어간 사람은 이 반복 연습을 통해 올바른 힘의 정도를 알 수 있다.

2야드

엄지손가락 떼고 치기

☑ **방법**: 손가락으로 그립을 지탱하고 엄지를 떼기

☑ **대상**: 손으로 치는 사람, 그립을 너무 세게 잡는 사람

☑ **효과**: 손과 팔과 몸이 동조되는 느낌을 알 수 있다, 클럽을 쥐는 올바른 세기를 알 수 있다

엄지손가락을 떼면 힘을 주고 싶어도 줄 수 없다.

그립은 손가락 쪽에 걸듯이 한다. 너무 세게 쥐는 사람들 중 대부분이 엄지손가락으로 그립을 꽉 누르듯 쥐는데, 엄지손가락을 떼면 힘을 빼는 감각을 알 수 있다.

몸과 시계추가 함께 움직이는 것을
느낄 수 있다

양손의 엄지손가락을 떼고 손가락을 걸듯 클럽을 지탱합니다. 그럼 강제적으로 손만으로는 칠 수 없는 상태가 됩니다. 특히 그립에 힘이 너무 들어가는 원인으로 오른손을 그립의 위에 놓고 꽉 누르듯 잡는 것을 들 수 있습니다. 이렇게 되면 손과 팔의 힘에 의존한 타법이 됩니다. 이처럼 너무 꽉 쥐는 사람은 이 반복 연습을 통해 그립의 올바른 힘주기를 알 수 있습니다.

또한 엄지손가락을 뗀 채로 볼을 치기 위해서는 클럽을 몸의 회전으로 휘두를 필요가 있습니다. 이때 항상 팔과 클럽이 몸과 함께 움직이게 하면 손끝이 아닌 몸통을 사용해 클럽을 움직이는 감각을 체득할 수 있습니다.

POINT
2야드 치기와 동일하게
헤드 무게만으로 치기

손과 팔만으로 휘두르려고 하면 클럽을 컨트롤하지 못해 잘 맞지 않는다. 헤드 무게를 느끼며 팔에서 클럽까지를 하나의 시계추라고 생각하고 몸의 회전을 사용해 친다.

쇼트 스윙

☑ **방법**: 작은 스윙으로 몸의 움직임을 확인하기

☑ **대상**: 어프로치가 어려운 사람, 스윙의 기본을 모르거나 안 되어 있는 사람

☑ **효과**: 스위트스폿을 맞추기 위한 움직임을 알 수 있음, 하나의 시계추로 치는 법을 알 수 있음

허리의 회전 폭으로 볼을 친다. 팔을 굽히지 않고 양어깨와 팔을 잇는 삼각형이 무너지지 않도록 한다. 몸을 회전하지 않고 치려고 하면 팔이 구부러져 삼각형이 무너진다.

NG

손으로만 치면 안 된다

손목을 사용하지 않고 하나의 시계추만으로 치는 것이 중요하다. 손에 힘이 들어가면 오른손이 손의 안쪽으로 굽어서 플립이 되기 쉽다. 또한 뒤땅이나 탑핑, 오른쪽으로 빠지는 공이 되기 쉽다.

작은 스윙에서
점점 폭을 크게 하기

쇼트 아이언을 사용하여 허리에서 허리의 회전 폭으로 볼을 칩니다. 작은 움직임 안에서도 올바른 진자운동, 회전, 다리의 움직임을 의식하는 것이 중요합니다. 그러면서 진자운동의 폭을 크게 한다면 풀 스윙이 됩니다.

갑자기 풀 스윙하는 것이 아니라 일단은 쇼트 스윙으로 올바른 움직임과 스위트스폿에 맞는 감각을 확인해봅시다. 또한 컨디션이 좋지 않을 때도 쇼트 스윙으로 돌아갑니다. 쇼트 스윙에는 필요한 것이 모두 담겨 있어 스윙으로 고민할 때 올바른 길로 인도해줍니다. 작은 스윙에서 올바른 움직임이 가능하지 않다면 큰 스윙에서도 어렵다는 것입니다. 따라서 쇼트 스윙을 많이 연습하여 기준을 갖는 것이 중요합니다.

POINT
그립 끝이 항상
배꼽을 향한 상태를 유지

어드레스 시 손목과 팔의 형태를 바꾸지 않고 치기. 항시 그립 끝이 배꼽을 향하도록 의식하는 것이 중요하다.
팔이 굽어지거나 손목을 사용하면 그립 끝이 다른 방향을 향하게 된다.

POINT
피칭 웨지를
사용하여 연습하기

피칭 웨지나 9번 아이언을 사용해서 연습하자. 타점이 까다로운 샌드 웨지와 볼이 올라가기 어려운 7번 아이언에 비해 간단하며, 볼이 스위트스폿에 맞는 감각을 익히기도 쉽다.

POINT
헤드가 양발 중앙에
볼은 살짝 왼쪽으로

볼 위치는 클럽헤드의 리딩에지가 정중앙에, 볼은 조금 왼쪽이 된다. 이 위치라면 시계추의 가장 낮은 지점에서 볼을 때리는 이미지를 떠올리기 쉽고 심플한 움직임으로 볼을 칠 수 있다.

오른손 타법

- ☑ **방법**: 어드레스의 손목 형태를 바꾸지 않고 진자운동으로 치기
- ☑ **대상**: 어프로치의 타점이 불안정한 사람, 손·팔이 따로 움직이는 사람
- ☑ **효과**: 오른손·오른팔의 올바른 움직임을 알 수 있음, 맞는 감각을 키울 수 있음

NG

손의 힘으로 치려고 하면 팔이 굽거나 플립이 된다

오른팔 팔꿈치가 자신을 향하게 하고 그 방향이 바뀌지 않도록 몸의 회전을 사용하여 친다. 팔만 움직이면 팔꿈치 방향이 바뀌어버린다. 오른손 손목을 사용하지 않고 어드레스 때의 손목 형태를 유지한 채 치자.

오른손의 잘못된 움직임을
개선할 수 있다

오른손 타법의 포인트는 오른손을 사용하지 않는 것입니다. 모순된 것처럼 보이지만 주로 쓰는 손이 오른손인 사람은 힘이 들어가거나 잘못된 움직임을 하기 쉽습니다. 다운스윙에서 임팩트를 걸어 손목을 이용하여 클럽을 휘두르려고 하면 팔이 굽어지거나 손목이 손바닥 쪽으로 꺾이는 플립이 됩니다. 중요한 만큼 다시 한번 강조하면 본인의 힘이 아니라 클럽헤드가 떨어지는 힘과 회전으로 쳐야 진자운동이 됩니다.

오른손으로만 칠 때 손과 팔의 힘만으로는 좀처럼 볼에 맞지 않습니다. 몸과 팔이 함께 움직이고 몸의 회전을 사용해야 합니다. 팔꿈치가 자신을 향하도록 하면 팔과 몸에 일체감이 생깁니다. 그 형태를 유지하며 치면 잘 칠 수 있습니다.

POINT
위팔(上腕)과 가슴의
거리를 유지하기

몸의 회전에 비해 팔이 너무 움직이면 불안정한 스윙이 된다. 위팔과 가슴의 거리를 어드레스부터 바꾸지 않도록 한다. 몸과 팔의 거리 및 위치 관계가 변하지 않으면 몸과 팔이 함께 움직이기에 재현성 높은 스윙이 된다.

왼손 타법

☑ **방법**: 왼팔을 뻗은 채 몸의 회전과 함께 치기

☑ **대상**: 왼팔이 굽는 사람, 타점이 불안정한 사람

☑ **효과**: 왼팔과 클럽을 하나의 시계추와 같이 움직일 수 있음, 작은 회전 폭으로도 몸으로 치는 감각을 알 수 있음

NG

팔로우에서
왼팔 팔꿈치를 당김

몸이 회전하지 않고 팔의 힘만으로 치려고 하면 팔로우에서 팔꿈치가 당겨지는 모양이 된다. 겨드랑이를 조이고 팔로우에서 팔꿈치가 지면을 향하도록 움직이면 팔을 편 채로 끝까지 휘두를 수 있다.

왼손으로만 클럽을 휘두를 수는 없기 때문에 몸의 움직임이 반드시 필요하게 된다. 왼팔과 클럽을 하나의 시계추라고 생각하고 팔과 손목을 사용하지 않고 몸의 회전으로 스윙을 하자.

142

작은 폭에서도
손과 팔에 의지하지 말고 치자

왼손으로만 클럽을 다루면 꽤 무겁게 느껴지므로 흔들흔들 불안정하게 됩니다. 그 상태에서 무리하게 치려고 하면 팔꿈치와 손목이 굽어서 제대로 맞지 않습니다. 따라서 겨드랑이를 조이고 몸과 팔에 일체감을 주면서 몸의 회전을 사용하면 스위트스폿에 맞을 확률이 늘어납니다.

휘두르는 폭이 작을 경우, 자기도 모르게 손끝으로 치고 싶어지는데 그렇게 되면 재현성이 없어집니다. 클럽을 위로 올리려고 하면 손이나 팔에 힘이 들어가기 쉬우므로 내리려고 할 때도 손과 팔의 힘에 의지하게 됩니다. 클럽을 낮게 밀듯이 테이크백 하면 팔이 쭉 펴집니다. 그 펼친 팔을 되돌리듯 휘두르면 몸을 사용한 스윙을 익힐 수 있습니다.

POINT
팔의 힘이 아니라
쭉 펴진 왼팔을 되돌리는
힘을 이용하기

클럽은 위로 올리는 것이 아니라 팔을 쭉 펴듯 테이크백 한다. 다운스윙에서는 펴진 팔과 어깨를 되돌리듯 함으로써 치기 어려운 움직임을 없앤다.

POINT
왼팔이 포켓보다 아래를
지나도록 지면을 향하여
낮고 길게 민다

클럽을 위로 올린다는 생각을 갖게 되면 손과 팔에 힘이 들어가기 쉬워진다. 왼손이 포켓보다 아래를 지나도록 낮게 테이크백 한다면 팔이 굽어지지 않고 팔과 함께 테이크백 하게 된다.

클럽 돌리기 1

- ☑ **방법**: 손·팔·어깨의 힘을 빼고 클럽을 둥그렇게 돌리기
- ☑ **대상**: 클럽을 쥐는 힘을 모를 때, 팔로우에서 왼팔 팔꿈치가 굽고 슬라이스로 고민할 때
- ☑ **효과**: 소프트하게 잡아야 부드럽게 휘두를 수 있음을 알 수 있다, 올바른 손목 사용법을 알 수 있다

자기가 봤을 때 클럽을 시계 방향으로 돌린다. 손의 힘을 빼고 부드럽게 돌리듯이 한다. 스윙할 때에도 이 정도 힘으로 클럽을 쥐면 손목의 시계추를 효율적으로 사용할 수 있다.

NG
상반신에 힘이 들어가면 잘 돌릴 수 없다

손에 힘이 들어가면 손목이 고정되어 클럽을 돌릴 수 없다. 손목이 움직이지 않으면 볼을 멀리 보낼 때 손과 팔의 힘에 의존하게 되어 재현성 없는 스윙이 된다.

손목을 많이 사용해서
효율적인 스윙으로

볼을 보내기 위해서는 손목을 부드럽게 사용합시다. 손목을 고정하면 클럽의 운동량이 늘지 않아 헤드 스피드가 올라가지 않습니다. 손목의 시계추를 효율적으로 사용하려면 그립을 부드럽게 쥐는 것이 중요합니다. 클럽을 돌리는 반복 연습을 통해 올바른 힘의 정도를 확인해주세요.

또한 이 반복 연습에서는 손목과 팔의 올바른 움직임을 확인할 수 있습니다. 스윙으로 말하자면 클럽이 위에 있을 때가 탑, 우측으로 내려가며 다운스윙, 아래로 내려와서 임팩트, 아래에서 위로 올라갈 때 팔로우가 됩니다. 부드럽게 클럽을 돌렸을 때 각 포지션에서의 손목 방향과 팔의 움직임이 어떻게 되는지 확인해주세요. 이것이 스윙할 때의 올바른 움직임입니다.

POINT
팔로우에서는
왼팔 팔꿈치를 접으면
클럽을 부드럽게 돌릴 수 있다

스윙의 경우, 클럽이 아래에서 위로 올라가는 부분이 팔로우에 해당된다. 여기에서 왼팔 팔꿈치가 지면을 향하도록 하면 겨드랑이가 조여지고 팔꿈치가 접혀 부드럽게 클럽을 돌릴 수 있다.

NG
팔꿈치를 당기면
페이스가 돌지 않는다

팔꿈치가 당겨져 겨드랑이가 크게 열리면 클럽을 아래에서 위로 돌릴 수 없게 된다. 스윙에서도 이러한 움직임이 된다면 클럽이 바깥쪽에서 내려오기 쉽게 되어 슬라이스의 원인이 된다.

클럽 돌리기 2

☑ **방법**: 클럽을 휘두른 관성으로 클럽을 돌리기
☑ **대상**: 손목을 올바르게 사용하고 있는지 불안한 사람, 페이스 턴을 잘할 수 없는 사람
☑ **효과**: 올바르게 손목을 사용하고 있는지 확인할 수 있다, 스윙 시 손과 팔에 힘주는 정도를 알 수 있다

볼을 친 후 팔로우 시 클럽을 돌린다. 손과 팔에 힘이 들어가면 클럽을 돌릴 수 없다. 또한 올바른 페이스 턴이 되지 않는 경우에도 클럽을 돌릴 수 없다.

손목으로 올바른
페이스 턴을 실감하자

'클럽 돌리기 반복 연습 1'에서 올바른 힘의 정도와 부드럽게 손목을 돌리는 움직임을 파악한다면 그러한 감각을 갖고 다음 볼을 칠 수 있습니다. 이때 스윙 시의 손목 사용법이 올바른지 확인할 수 있는 반복 연습이 있습니다. 팔로우까지 끝까지 휘두른 기세로 클럽을 본인이 봤을 때 시계 방향으로 돌립니다. 본인이 힘을 줘서 돌리는 것이 아니라 관성으로 돌리면 힘을 뺄 수 있습니다.

또한 페이스 턴이 이루어지지 않고 팔로우에서 페이스가 열린 상태라면 클럽을 부드럽게 돌릴 수 없습니다. 이 경우 손목의 사용법이 잘못된 것입니다. '클럽 돌리기 반복 연습 1'로 돌아가 각 포지션별 손목의 올바른 움직임을 다시 한번 확인해봅시다.

POINT
본인이 봤을 때 시계 방향으로
클럽 돌리기

본인이 봤을 때 시계 방향으로 클럽이 돌면 올바른 페이스 턴이다. 팔로우에서 페이스가 열려 있다면 시계 방향으로 클럽을 돌리는 것이 어려워진다.

NG
손에 힘이 들어가면
손목이 움직이지 않아
클럽이 멈춘다

스플릿 핸드

☑ **방법**: 오른손과 왼손을 떨어뜨려 잡고 오른손이 왼손을 쫓아가듯 휘두르기

☑ **대상**: 슬라이스로 고민하는 사람, 힘은 있으나 공이 잘 나가지 않는 사람

☑ **효과**: 팔·손목의 올바른 움직임을 알 수 있음, 페이스 턴으로 슬라이스를 개선할 수 있음

좌우의 손을 분리하여 클럽을 쥐고 볼을 친다. 볼을 똑바로 보내는 것이 중요한데, 우측으로 휘어지면 페이스 턴이 되지 않은 것이고, 왼쪽으로 날아갈 경우에는 그 타이밍이 빠른 것이다.

POINT
그립 끝과 끝을 쥐기

양손의 거리를 떨어뜨릴수록 각각의 손이 다른 방향으로 움직인다. 그립의 끝과 끝을 잡고 양손 간격을 크게 떨어뜨리면 좌우의 손 역할을 알기 쉬워져 보다 효과적인 연습을 할 수 있다.

올바른 페이스 턴을 할 수 있다면 볼이 똑바로 간다

스플릿 핸드(split hand) 반복 연습에서는 주로 손목의 올바른 움직임을 알 수 있습니다. 백스윙에서는 코킹을 하고 왼팔과 왼손 손등이 일직선을 이루고 오른손 손목에 각이 생깁니다. 그다음 오른손 각도가 풀리면서 오른손이 왼손을 추월하며 팔로우에서는 오른팔과 오른손 손등이 일직선이고 왼손 손목에 각이 생기는 형태가 됩니다. 좌우대칭인 손목 형태를 의식하며 휘두르면 좌우의 손이 서로 교차하며 손목에 의해 페이스를 개폐할 수 있습니다. 이때 손이나 팔에 힘이 너무 들어가면 페이스를 지나치게 뒤집거나, 반대로 손이 교차하지 않거나, 손이 몸에서 멀어지는 등의 다양한 폐해가 생깁니다. 그렇게 되면 볼이 휘어지기 때문에 양손을 균형 있게 사용하여 똑바로 보냅시다.

POINT
왼손을 반대로 돌리는 느낌을 가지면 손을 교차시키기 쉽다

임팩트 존에서는 오른손이 왼손을 추월하며 페이스 턴이 이뤄진다. 왼손을 목표 방향과 반대로 움직인다는 느낌을 가지면 좌우의 손이 교차하기 쉬워진다.

POINT
팔로우에서는 팔이 크로스 된다

팔로우에서는 팔이 크로스 된 형태가 된다. 단 오른손이 너무 강하면 손목이 앞으로 나가 몸에서 떨어지게 된다. 손목이 가슴 앞쪽에서 떨어지지 않도록 의식하며 휘두르자.

NG
왼손이 먼저 가면 손이 교차하지 않는다

손목이 속도가 줄지 않아 양손이 교차하지 않게 되고, 페이스 턴이 되지 않아 페이스가 열린 상태로 임팩트하게 된다. 그 결과 슬라이스가 나기 쉽다.

연속 빈 스윙

- ☑ **방법**: 90도 코킹에서 좌우대칭으로 연속해서 휘두르기
- ☑ **대상**: 스윙 플레인이 불안정한 사람, 스윙 중 균형이 잘 무너지는 사람
- ☑ **효과**: 올바른 스윙 궤도를 익힐 수 있다, 스윙이 예뻐진다

백스윙만 늦거나 팔로우만 빨라지지 않게 일정한 리듬·스피드로 연속해서 휘두른다. 손과 팔만 사용하는 것이 아니라 몸통을 사용함으로써 좋은 리듬으로 휘두를 수 있다.

좌우 모두 일정한 스피드로 휘두르자.

NG

코킹 각도가 90도를 넘으면 오버 스윙이 된다

손목의 각도가 지나치면 부드럽게 전환할 수 없다. 백스윙에서 손목의 각도가 90도, 팔로우에서도 90도로 좌우대칭일 때 부드럽게 휘두를 수 있다.

스윙의 고민을 해결하는
만능 반복 연습

연속 빈 스윙은 올바른 스윙을 하는 데 가장 중요한 반복 연습입니다. 연속으로 휘두르기 위해서는 움직임이 좌우대칭이어야 합니다. 좌우 움직임이 다르면 일정한 리듬으로 휘두를 수 없습니다. 손목의 움직임이 올바르고 몸과 팔이 함께 움직이며 갔다가 돌아오는 것이 동일한 궤도를 지나야 비로소 연속해서 휘두를 수 있습니다. 즉 연속해서 휘두르면 올바른 움직임이 된다는 것입니다.

좌우대칭은 진자운동의 본질입니다. 따라서 연속 빈 스윙의 궤도, 몸의 움직임을 상상하며 일반적인 스윙을 한다면 올바른 움직임이 가능합니다. 클럽을 어디로 올릴지, 어떻게 내릴지 등 스윙으로 고민하는 사람에게 적합한 반복 연습입니다.

POINT
갈 때도 올 때도
클럽이 동일 궤도를
지난다

연속 빈 스윙을 할 때 의식해서 컨트롤하지 않아도 올바른 궤도가 된다. 백스윙도 팔로우도 항상 같은 궤도를 지나 올라가고 같은 궤도를 지나 내려온다.

NG
궤도가 바뀌면
연속으로 휘두를 수 없다

클럽을 올리는 궤도와 내리는 궤도가 달라지면 연속해서 휘두를 수 없다. 특히 인사이드로 들어가 아웃사이드에서 내려오는 궤도는 슬라이스가 나기 쉬우므로 주의가 필요하다.

151

어깨 턴

☑ **방법**: 클럽을 등에 지고 빠르게 몸을 돌리기, 양손 끝으로 클럽을 들고 크게 몸을 돌리기
☑ **대상**: 몸을 꼬는 게 어려운 사람, 몸이 굳어 있는 사람
☑ **효과**: 올바른 꼬임을 알 수 있다, 몸의 회전 방법을 알 수 있다, 유연성이 올라가고 회전량이 커진다

클럽을 등에 지면 강제적으로 가슴이 펴진 상태가 된다. 그 상태에서 클럽을 백스윙 시 90도 이상, 팔로우 시 90도 이상 돌린다. 가능한 한 빨리 돌도록 하는 것이 효과적이다.

NG
새우등이면 몸이 돌기 어렵다

등이 둥글고 가슴이 오그라든 자세라면 몸이 회전하기 어렵다. 몸을 부드럽고 크고 빠르게 돌리려면 허리 쪽을 앞으로 숙이고 가슴을 펴야 한다.

몸을 돌리는 법을 알면
스트레칭도 된다

많은 아마추어 골퍼가 회전이 부족합니다. 이는 올바르게 회전을 못 했거나 유연성이 부족하기 때문이죠. 그러한 점에서 스트레칭 효과도 있고 몸의 회전법도 알 수 있는 반복 연습을 두 가지 소개합니다. 몸을 제대로 회전할 수 있게 되면 비거리 상승뿐만 아니라 슬라이스 개선으로도 이어집니다.

첫 번째, 클럽을 등에 지고 도는 반복 연습입니다. 트위스트를 의식하면서 빠르게 돌도록 해주세요. 클럽을 지고 있음으로써 올바른 자세가 되기에 몸이 돌기 쉽게 느껴집니다. 두 번째, 양손 끝으로 클럽을 잡고 도는 반복 연습입니다. 좌측 어깨가 오른발 위까지 오도록 크게 돕니다. 배와 가슴이 늘어난 감각이 중요합니다. 긴 클럽을 들고 있을수록 어렵고 효과도 좋습니다.

POINT
손을 높게 하고
배와 가슴을 편다

클럽을 양손 끝으로 잡고 왼쪽 어깨가 오른발 위까지 오도록 크게 몸을 돌린다. 백스윙도 팔로우도 손을 높은 위치로 올리자.

NG
손이 낮으면 몸이 펴지지 않는다

스트레치 바디 턴

- ☑ **방법**: 탑에서 우측 어깨, 피니시에서 좌측 어깨를 목 뒤로 돌리기
- ☑ **대상**: 몸을 잘 못 꼬는 사람, 몸이 굳어 있는 사람
- ☑ **효과**: 올바른 어깨 회전을 알 수 있다, 견갑골의 유연성이 올라간다

양손이 맞닿은 자세에서 오른손만 뒤로 올리고 우측 어깨를 목 뒤까지 돌린다.

다음으로 오른손으로 왼손을 때리듯 임팩트 형태를 만들고 이번에는 반대로 왼쪽 어깨를 목 뒤로 돌린다.

POINT

어깨를 목 뒤로 돌리면 좌우 견갑골이 가까워진다

탑

피니시

스윙 중 탑에서는 우측 견갑골이, 피니시에서는 좌측 견갑골이 한쪽으로 치우치면서 어깨가 깊이 들어간다. 한쪽씩 손을 돌려보면 이 감각을 알기 쉬워진다.

견갑골을 미는 움직임으로
어깨가 확실히 돈다

탑과 피니시에서는 견갑골이 밀리면서 어깨가 쑥 들어가는 느낌이 들어야 합니다. 견갑골이 안 들어가면 열심히 몸을 돌려도 어깨 회전량이 부족하여 결과적으로 회전 부족이 됩니다. 제가 그동안 본 결과, 초반에 대부분의 아마추어가 어깨 회전이 부족합니다. 따라서 이 스트레치 바디 턴 반복 연습으로 개선합시다.

양손이 맞닿은 자세에서 오른손만 뒤로 올리고 우측 어깨를 목 뒤까지 돌립니다. 팔로우는 왼손만 올리고 왼쪽 어깨를 목 뒤까지 돌립니다. 한쪽씩 어깨를 돌림으로써 탑에서는 우측 견갑골이, 피니시에서는 좌측 견갑골이 쑥 들어가는 감각을 느끼기 쉬워집니다. 견갑골의 유연성이 올라가 어깨의 가동 영역이 넓어지기에 준비운동으로 최적입니다.

POINT

탑에서는 우측 견갑골이 들어가고 피니시에서는 좌측 견갑골이 들어간다

어깨가 쑥 들어간 깊은 탑과 피니시를 하면 등에 견갑골이 드러난다. 하지만 어깨 회전량이 부족하면 어깨가 들어간 감각이 없고 견갑골도 보이지 않는다.

NG
어깨의 회전이 불충분하면
어깨가 들어가지 않는다

양발 모아 치기

- ☑ **방법**: 균형이 무너지지 않도록 축을 의식하며 치기
- ☑ **대상**: 회전축이 흔들리는 사람, 스윙에 힘이 들어가는 사람
- ☑ **효과**: 균형 있는 스윙이 몸에 밴다, 몸의 회전으로 치는 감각을 알 수 있다

발을 딱 붙이고 그대로 볼을 친다. 몸의 회전과 손목을 사용해 클럽의 운동량을 크게 하자. 균형이 무너지지 않도록 휘두르면 축을 유지하면서 치는 감각을 알 수 있다.

NG
균형이 무너짐

발을 벌린 상태에서는 회전축이 안정되어 있는지 알기 어렵다. 발을 모으면 축이 조금이라도 흔들렸을 때 균형이 깨지기 때문에 축을 유지하고 있는지 확인할 수 있다.

축이 흔들리지 않는
좋은 스윙이 몸에 밴다

양발을 모으고 하는 반복 연습은 연속해서 나이스 샷을 하는 데 필요한 재현성을 높일 수 있습니다. 양발을 모으고 치지만 손과 팔로만 치는 것이 아니라 몸을 확실히 돌리며 칩시다. 균형을 무너뜨리지 않고 휘둘러서 스위트스폿에 볼이 맞으면 합격입니다. 딱 붙인 양발의 정중앙에 중심을 느끼면서 목덜미의 위치를 유지하고 축이 흔들리지 않도록 하는 것이 포인트입니다.

평소에는 다리를 벌려 자세를 잡기 때문에 축이 흔들려도 버티게 됩니다. 균형은 어느샌가 무너지기에 스스로 깨닫는 게 어렵습니다. 갑자기 스위트스폿에 안 맞거나 할 때 균형을 확인하고 조정하기 위해서 사용할 수도 있는 우수한 반복 연습입니다.

POINT
목덜미의 위치를
바꾸지 않도록 하기

머리 위치를 너무 고정하면 몸이 돌기 어려워져 오히려 균형이 무너지기 쉬워지므로 주의가 필요하다. 중요한 것은 목덜미로 이 위치만 바뀌지 않는다면 축을 유지하고 균형 있게 휘두를 수 있다.

몸은 척추를 중심으로 회전하기 때문에 목덜미의 위치를 바꾸지 않도록 하면 축을 유지할 수 있습니다.

배 돌리기

- ☑ **방법**: 그립 끝을 배꼽에 붙인 채로 돌리기
- ☑ **대상**: 손과 팔의 힘으로 치는 사람, 클럽 궤도가 올바르지 않은 사람
- ☑ **효과**: 몸의 회전과 팔이 함께 하는 스윙이 몸에 밴다, 하나의 시계추로 치는 감각을 알 수 있다

클럽을 한껏 짧게 잡고 그립 끝을 배꼽에 대고 떨어지지 않도록 빈 스윙을 한다.
이때 백스윙, 임팩트, 팔로우에서의 클럽헤드 위치를 확인함으로써 올바른 궤도를 알 수 있다.

NG
그립 끝이
배꼽에서 떨어짐

몸과 팔이 함께 움직이는
스윙을 알 수 있음

그립 끝을 배꼽에 대고 빈 스윙을 하면 몸이 회전한 만큼 팔과 클럽도 움직입니다. 몸이 회전하지 않으면 클럽은 움직이지 않습니다. 몸과 팔이 함께 하는 몸의 회전으로 클럽을 휘두르는 감각을 알 수 있습니다. 하지만 손과 팔에 힘이 들어가면 배꼽에서 그립 끝이 떨어져버립니다.

그리고 몸과 팔이 하나가 되어 움직이면 클럽이 올바른 궤도를 지납니다. 따라서 테이크백이나 임팩트, 팔로우에서의 클럽헤드 위치와 페이스 방향을 확인하고 평소 스윙에서도 같은 곳을 지날 수 있다면 올바른 스윙을 할 수 있습니다. 이 반복 연습은 드라이버를 사용해서 티업된 볼을 치는 것보다 효과적입니다. 배를 돌리면서 임팩트 하는 감각이 몸에 뱁니다.

POINT
허리와 어깨뿐만 아니라
배도 확실히 돌리기

허리와 어깨뿐 아니라 그 사이에 있는 배를 돌림으로써 부드럽게 움직일 수 있고 트위스트도 만들기 쉽다. 배꼽이 좌우로 향하는 느낌으로 배를 돌려보자.

하프 스윙

☑ **방법**: 9시에서 3시의 폭으로 50야드 치기
☑ **대상**: 샷이 안정되지 않는 사람, 좀처럼 스위트스폿에 볼이 맞지 않는 사람
☑ **효과**: 몸의 회전으로 볼을 보내는 감각을 알 수 있음, 스윙의 토대가 생김

백스윙에서는 왼팔이 지면과 평행하고 팔로우에서는 오른팔이 지면과 평행한 정도의 폭으로 팔을 뻗은 채로 친다. 몸의 회전을 확실히 사용하며 클럽을 가속한다.

NG
가슴이 돌지 않고 손만 올라간다

몸과 팔을 함께 움직이고 회전에 의해 클럽을 휘두르는 것이 중요하다. 몸보다도 팔이 크게 움직이면 손과 팔의 힘에 의지한 스윙이 되고 팔이 느슨해져 재현성 없는 스윙이 된다.

몸의 회전을
최대한 사용해 치자

하나의 시계추만 사용한 스윙(8시에서 4시의 폭)과 풀 스윙의 중간 정도가 하프 스윙(9시에서 3시의 폭)입니다. 몸의 회전에 손목의 시계추를 더해 칩시다. 상반신의 회전량은 풀 스윙과 동일하게 됩니다(엄밀하게는 풀 스윙에서는 다리의 움직임이 커지기 때문에 전체적인 회전량은 좀 더 커집니다). 하프 스윙이 가능해지고 나면 여기에 회전 스피드와 다리의 움직임을 강화해 나가면 올바른 풀 스윙이 가능합니다.

대부분의 아마추어는 회전 부족이거나 몸의 회전량에 비해 팔이 크게 움직입니다. 하프 스윙을 연습함으로써 항상 몸과 팔이 함께 움직여 회전하며 치는 스윙을 체득할 수 있습니다.

POINT
가슴의 면을 의식하며 바로
뒤→목표 방향으로 180도 돌기

등이나 가슴의 면을 의식하면서 백스윙에서 팔로우로 180도 몸을 돌리자. 치고 났을 때는 가슴이 정면을 향해 있는지, 손이 가슴 앞에서 떨어지진 않았는지 확인한다.

휘두르며 백스윙

☑ **방법**: 팔로우 시 클럽을 휘두르기 시작한 다음 백스윙하기
☑ **대상**: 비거리로 고민하는 사람, 백스윙이 부드럽게 올라가지 않는 사람
☑ **효과**: 백스윙의 올바른 형태가 몸에 밴다, 트위스트 감각을 알 수 있다

팔로우 쪽으로 헤드를 휘두르기 시작한 다음, 기세를 더해 백스윙한다.
백스윙 스피드가 빨라지고 탑과 트위스트가 커져 헤드 스피드가 올라간다.

백스윙의 기세가
비거리 향상의 원천

천천히 한 백스윙으로 멀리 보내는 프로나 상급자도 있지만 이는 터프한 몸이 아니면 어렵습니다. 백스윙을 빨리 올림으로써 탑과 트위스트가 커져 전환에서 그 반동을 사용할 수 있습니다. 이것이 가장 간단하게 헤드 스피드를 올리는 방법입니다. 백스윙을 빨리할 때도 몸의 회전으로 클럽을 올리는 것이 중요합니다. 결코 손이나 팔의 힘으로 올려서는 안 됩니다. 이 움직임을 체감하기 위해서 팔로우 시 도움닫기로 기세 좋게 백스윙을 하는 반복 연습을 해봅시다. 평상시보다 트위스트가 강하게 느껴질 것입니다. 백스윙이 빨라져도 전환을 서두르면 안 됩니다. 시계추의 리듬을 깨지 말고 칩시다.

POINT
충분하게 몸을 꼬아
옷에 주름이 가도록 하자

옷에 주름이 가는 것은 몸이 제대로 꼬여 트위스트가 만들어진 증거. 백스윙의 기세에 져 몸이 끌려가면 트위스트가 생기지 않기 때문에 백스윙도 축을 유지하도록 의식하자.

발 딛기 스윙

☑ **방법**: 백스윙에서는 오른발을 딛고 왼발을 올리고,
　　　　다운스윙에서는 왼발을 딛고 팔로우에서 오른발을 올린다

☑ **대상**: 올바른 발의 움직임을 알고 싶은 사람, 상반신과 하반신이 따로 움직이는 사람

☑ **효과**: 리듬 좋게 칠 수 있게 된다, 하반신을 사용한 부드러운 스윙이 몸에 밴다

발을 들어 올린 다음 내딛음으로써 강하게 지면을 내디딜 수 있기 때문에 그 기세로 클럽이 휘둘려지는 감각을 알 수 있다. 무릎을 안쪽으로 가까이하듯 발을 들어 올림으로써 허리를 돌리기 쉬워진다.

걷는 듯한 자연스러운 움직임으로
스윙할 수 있게 된다

스윙은 하반신이 선행됨으로써 자연스러운 움직임이 됩니다. 손과 팔의 힘으로 클럽을 휘두르려고 하면 상반신이 먼저 움직이기 때문에 부자연스러운 스윙이 됩니다. 걸을 때 팔이 흔들리듯 스윙에서도 발 딛기를 한 반동으로 클럽을 휘두르는 것이 필요합니다. 그 감각을 체득하기 위해서 발 딛기 반복 연습을 합시다.

오른발을 내딛는 반동으로 백스윙, 왼발을 내딛는 반동으로 다운스윙을 합니다. 동시에 내딛지 않은 발을 들어주세요. 이때 체중이 남게 되면 발을 들 수 없습니다. 확실히 체중 이동을 하면서 휘두릅시다.

또한 걸을 때처럼 리듬 좋게 휘두르는 것도 중요합니다.

POINT
발 내딛기로 팔이
휘둘러지는 감각이 중요

백스윙과 다운스윙을 할 때, 발을 내딛는 것이 시작이 되어 몸이 회전하고 팔이 휘둘리는 감각이 중요하다. 우선 클럽을 잡지 말고 팔로만 빈 스윙을 해보자.

한 발 앞 팔로우

- ☑ **방법**: 다 치고 나서 오른발을 한 발 앞으로 내딛기
- ☑ **대상**: 오른발에 체중이 남아 있는 사람, 피니시에서 왼발로만 설 수 없는 사람
- ☑ **효과**: 아이언이 예쁘게 맞는다, 팔로우 시 몸을 끝까지 돌릴 수 있다

팔로우에서 오른발을 왼발 앞에 내딛는 의식을 하고 스윙한다. 백스윙에서는
오른발에 남아 있던 체중이 다운스윙에서 왼발로 이동하는 감각을 느끼자.

POINT
오른발에 체중을 남기지 않는다

오른발에 체중이 남으면 오른발을
내디딜 수 없다. 오른발에 체중이
남는 사람은 신발 끝이 구부러진 형
태가 되는 경우가 많다. 신발 앞코
가 똑바로 유지되면 올바른 다리의
움직임이 되어 있는 것이다.

NG
오른발에 체중이 남아
발끝이 구부러짐

축을 유지한
체중 이동이 중요

피니시에서 오른발에 체중이 남으면 일부러 볼을 들어 올리려는 타법이 되기 쉽습니다. 이 상태에서는 가장 낮은 지점 바로 앞에서 맞출 필요가 있는 아이언을 잘 칠 수 없습니다. 또한 몸을 끝까지 돌릴 수 없기에 손과 팔을 사용해서 끝까지 휘두르는 등, 오른발에 체중이 남아 생기는 폐해는 많지요.

피니시에서는 거의 모든 체중이 왼발에 남아 있는 것이 이상적입니다. 이 상태를 만들기 위해 다 치고 난 뒤 오른발을 한 보 앞으로 내딛는 반복 연습을 해봅시다. 오른발에 체중이 남으면 내딛지 못하기 때문에 왼발로 체중 이동을 하는 움직임을 알 수 있습니다. 단 좌우로 몸을 크게 흔들면 불안정한 스윙이 됩니다. 축을 유지하며 회전에 의한 체중 이동을 하는 것이 중요합니다.

POINT
발끝을 미끄러지듯
내딛기

오른발을 내디딜 때 발끝에서 지면을 스치듯이 왼발로 가져간다. 그럼 오른발을 안쪽으로 돌리는 올바른 움직임이 가능해지고 허리를 부드럽게 돌릴 수 있다.

한 다리로 치기

☑ **방법**: 한쪽 발로 서서 반대 발은 발끝이 지면에 닿을 정도로만

☑ **대상**: 하반신이 흔들려 불안정한 사람, 피니시에서 딱 멈추지 못함

☑ **효과**: 균형 있는 스윙이 몸에 밴다, 다리에 힘주는 법을 알 수 있다

한 다리로만 스윙함으로써 몸이 회전할 때의 체중 이동을 각각의 발이 어떻게 받는지 알 수 있다. 스윙은 좌우로 체중 이동을 동반하기 때문에 발의 바깥쪽에 체중이 실린다. 발 안쪽으로 지면을 잡는 느낌으로 확실히 체중을 실어 균형을 유지하자.

왼쪽 다리

발목, 무릎, 골반도 회전합니다.

NG

균형이 깨짐

오른쪽 다리

다리 바깥쪽으로
체중을 두자

스윙 중에 축이 무너지거나 피니시에서 딱 멈추지 못하는 사람은 몸이 너무 움직여서 체중을 발에 둘 수가 없습니다. 그러한 점에서 한 다리로 치는 반복 연습에서는 균형 있는 스윙을 할 수 있는 범위에서 몸을 움직이거나 어떻게 하면 잘 버틸 수 있는지를 체감할 수 있습니다.

백스윙 시에는 오른쪽 다리에, 스윙 후반에서는 왼쪽 다리에 체중이 실립니다. 이 체중 이동을 각 발 바깥쪽으로 둠으로써 버틸 수 있습니다. 따라서 발의 안쪽 감각에 집중해주세요. 또한 허리가 너무 돌면 체중을 다 지탱할 수 없기 때문에 적절한 허리 회전량도 알 수 있습니다. 양발로 칠 때도 동일한 하반신의 움직임을 의식하여 균형 있게 휘두릅시다.

POINT

익숙해지면 반대 다리를
띄워보자

우선 반대 다리의 발끝만 지면에 닿은 상태에서 시작한다. 익숙해지면 발을 띄워보자. 난이도가 올라가 균형을 깨지 않고 치기 위해 다리로 버티는 방법을 보다 쉽게 알 수 있다.

어느 정도의 체중 이동으로 균형 있게 설 수 있을지, 버틸 때는 어디에 힘이 들어가는지를 확인합시다.

스쿼트 타법

☑ **방법**: 그네를 구르는 것처럼 굽혔다 펴기
☑ **대상**: 비거리로 고민하는 사람, 아웃사이드에서 클럽이 내려오는 궤도가 되는 사람
☑ **효과**: 부드럽게 허리를 돌릴 수 있게 된다, 조작하지 않아도 올바른 클럽 궤도가 된다

그네처럼 무릎을 굽혔다 펴서 클럽을 가속하는 움직임을 익히자. 탑에서 크게 굽혀 들어온 곳에서 멈추고 임팩트에 맞춰 펴는 움직임으로 볼을 친다.

효율을 높이기 위한
프로와 상급자들의 공통된 움직임

굽히는 것은 어려운 움직임이지만 몸에 익힐 수 있다면 큰 이점이 있습니다. 우선 탑에서 크게 깊이 내려간 곳에서 멈추고 거기서 무릎을 피면서 볼을 칩니다. 그렇게 함으로써 클럽이 가속하는 올바른 타이밍을 알 수 있습니다. 익숙해지면 움직임을 멈추지 말고 일련의 동작으로 합시다. 평소보다 허리를 더 부드럽게 돌릴 수 있거나 클럽헤드가 나가는 느낌이 든다면 합격입니다.

스윙 중에 이 움직임이 필요한 것은 비거리 향상만을 위한 것이 아닙니다. 굽혀 들어감으로써 손·클럽의 위치가 내려가고 자연스럽게 올바른 궤도가 되죠. 직접 궤도를 컨트롤하려고 하지 말고 시계추처럼 같은 궤도를 지난다는 의식만으로도 좋으며, 재현성도 올라갑니다.

POINT

앞쪽으로 기울인 자세를
유지한 채 쭉 뻗어 올라가기

깊이 내려가서 뻗어 올라가는 움직임은 하반신이 지면을 내딛는 움직임에 의해 만들어진다. 상반신은 상하 운동을 하지 말고 어드레스 시 앞쪽으로 기울어진 각도를 유지하자.

NG
상반신이 들림

무릎을 뻗을 때 상반신이 같이 일어나버리면 안 된다. 손이 지날 길이 없어져 빠져나오기가 어렵고 생크 등의 원인이 된다.

허리 턴

☑ **방법**: 허리 뒤쪽에서 클럽을 잡고 그립이 볼 위로 올 때까지 돌리기

☑ **대상**: 팔로우에서 허리를 다 돌리지 못하는 사람, 손과 팔의 힘에 의존한 스윙을 하는 사람

☑ **효과**: 하반신 주도로 볼을 치는 감각을 알 수 있음, 다리 움직임과 허리 회전의 관계성을 알 수 있음

일반적인 어드레스와 동일한 위치에 볼을 두고 그 위에 그립이 올 때까지 허리를 돌린다.

허리에 댄 클럽으로 볼을 친다는 느낌으로 허리를 밀고 들어가면서 회전하는 움직임이 필요해진다.

하반신의 움직임으로
허리를 밀고 들어가자

팔로우 시 허리를 끝까지 돌리는 것이 안 되면 오른발에 체중이 남거나 몸이 멈춰서 손과 팔의 힘에 의존한 스윙이 됩니다. 허리가 멈추는 원인은 하반신의 움직임이 불충분하기 때문입니다. 허리에 클럽을 대고 그립이 어드레스와 동일한 위치에 둔 볼 위까지 오도록 허리를 돌리는 반복 연습을 하면 다리의 움직임이 얼마나 중요한지 알 수 있습니다.

중요한 것은 오른쪽 다리를 안쪽으로 비틀며 허리를 밀어 넣는 움직임입니다. 회전은 척추를 축으로 한 '몸의 회전'이라고 말씀드렸습니다만, 허리도 회전할 필요가 있습니다. 허리를 밀어 넣듯 돌리면 왼발에 체중이 실려서 허리가 흐르는 것처럼 느껴질 수도 있습니다. 하지만 이것이 축을 유지한 올바른 회전입니다.

POINT
오른쪽 다리를 안쪽으로
돌리고 허리를 밀어 넣기

허리만 돌리려고 하면 볼 위에 그립이 오지 않는다. 오른쪽 다리를 안쪽으로 비틀며 지면을 차고 왼쪽 다리를 펴는 하반신의 움직임이 수반되면서 허리를 다 돌릴 수 있다.

허리만 돌리려고 하지 말고 다리도 움직입시다.

점프 체크

☑ **방법**: 바로 위로 점프하여 균형 있게 착지하기

☑ **대상**: 어드레스에서의 올바른 중심 위치를 알고 싶은 사람, 스윙 중 다리를 버티기 힘든 사람

☑ **효과**: 모지구(母指球)로 체중을 버티는 감각을 알 수 있음, 다리 힘을 사용하기 쉬운 어드레스를 할 수 있음

바로 위로 점프해서 균형 있게 착지하면 약간 앞으로 구부려지게 되어 모지구가 중심이 된다. 이 자세가 올바른 어드레스의 기준이다. 발끝과 발뒤꿈치에 체중이 실려 비틀거리면 다시 한다.

NG
발끝과 발뒤꿈치에 체중이 편중됨

174

안정적이고 움직이기 쉬운
자세를 외워두자

하반신에 힘을 주고 스윙 중에 균형이 깨지지 않도록 하는 것은 절대 조건입니다. 그러나 자세를 너무 묵직하게 잡아 아예 하반신이 안 움직이게 되면 몸이 회전을 못 하게 됩니다. 따라서 안정적이고 움직이기 쉬운 중심 위치를 잡는 것이 중요합니다.

이 위치를 쉽게 파악할 수 있는 것이 점프 체크 반복 연습입니다. 바로 위로 점프하여 균형 있게 착지하면 자세가 약간 앞으로 구부러지게 되어 모지구 주변이 중심이 됩니다. 결과적으로 발 안쪽 전후좌우로 균등하게 체중이 실려서 움직이는 것이 어렵지 않을 정도로 하반신이 안정됩니다. 이 반복 연습은 연습뿐만이 아니라 코스에서도 쓸 수 있습니다. 어드레스 전에 하면 시간을 들이지 않고서도 올바르게 자세를 잡을 수 있죠.

POINT
모지구에 중심을 두면서
발 안쪽 전체로
체중을 지탱한다

올바른 중심 위치는 발의 아치에서 조금 앞에 있는 모지구 쪽이다. 이 위치가 중심이 됨으로써 하반신 균형을 잡기 쉽고 동시에 부드럽게 움직이기 쉬운 자세가 된다.

움직임의 의미를 이해하지 않고
연습하는 것은 위험

 POINT CHECK

레이트 히팅을 다운스윙에서 만들려고 함

'레이트 히팅'이란 임팩트 직전까지 손목의 코킹 각도가 유지되는 것을 말한다. 코킹 각도가 빨리 풀리면 볼에 힘을 충분히 전하지 못하거나 클럽이 바깥쪽에서 내려와서 슬라이스를 내기 쉽다. 그러나 이 레이트 히팅을 의식적으로 만들려고 하면 손목이 딱딱해지기 쉽고 적절한 타이밍에 풀리지 않는다. 따라서 레이트 히팅은 만드는 것이 아니라 올바른 스윙이 된 결과로 자연스럽게 되는 것이라고 생각하자.

 POINT CHECK

페이스를 뒤집지 않는 스윙

'페이스를 뒤집지 않는 것'은 과도하게 페이스 턴을 하여 볼이 왼쪽으로 가는 미스가 많은 사람을 위한 대처 요법적인 코칭이다. 페이스 턴은 반드시 필요하며 페이스를 뒤집지 않으면 똑바로 가지 못한다. 또한 페이스를 일직선으로 움직이려고 하면 몸의 회전과 팔이 함께 동반되지 않거나 손목을 부드럽게 사용하는 것이 어렵다. 따라서 적절한 페이스 턴의 정도를 의식하는 것이 중요하다.

레슨 용어에
속지 마라

레슨 관련 기사나 동영상을 보면 '핸드퍼스트'나 '레이트 히팅', '페이스를 뒤집다·뒤집지 않는다' 등의 단어가 자주 나옵니다. 특히 프로 골퍼가 이러한 말을 하면 설득력이 있어서 따라 하고 싶어지죠. 그러나 대부분은 '대증요법'으로 어떤 사람에게는 효과적이겠지만 자신에게도 맞을 것이라고 보기는 어렵습니다. 예를 들면, 우측으로 날아가는 미스가 많은데 손을 돌리지 않게 하거나 탄도가 낮은데 핸드퍼스트를 더 강하게 하면 잘못된 움직임을 조장하죠.

중요한 것은 그 말을 곧이곧대로 듣지 말고 자신에게 필요한지 잘 보는 것입니다. 이미 올바른 움직임이나 형태라면 이를 바꿀 필요는 없습니다.

『てらゆーのゴルフスイング大全』스태프

장정: 小口翔平, 奈良岡菜摘(tobufune)

본문 디자인: 三國創市

편집·집필 협력: 大竹宏基

촬영: 鳥居建次郎

일러스트: 岡本倫幸

교정: 鷗来堂

촬영 협력: 富里ゴルフ倶楽部
　　　　　　 TERA-YOU-GOLF-STUDIO

편집: 大澤政紀(KADOKAWA)

"ゴルフは基本がすべて！"
골프는 기본이 전부

골프는 기본이 전부

1판 1쇄 인쇄 2025년 3월 20일
1판 1쇄 발행 2025년 4월 7일

지은이   테라유
옮긴이   류지현

발행인   황민호
본부장   박정훈
책임편집   신주식
편집기획   김선림 최경민 윤혜림
마케팅   조안나 이유진
국제판권   이주은 김준혜
제작   최택순 성시원

발행처   대원씨아이(주)
주소   서울특별시 용산구 한강대로 15길 9-12
전화   (02)2071-2095
팩스   (02)749-2105
등록   제3-563호
등록일자   1992년 5월 11일

www.dwci.co.kr

ISBN   979-11-423-1361-5 13690